퇴사는 괜찮아,
방법이 문제지

퇴사는 괜찮아, 방법이 문제지

손희애 지음

아무도 알려주지 않지만
누구나 알아야 할 퇴사 매뉴얼

위너스북 WINNERSBOOK

Prologue
프롤로그

대한민국 국민에게는 평생 숙제가 주어집니다. 유년기에는 꼬물거리는 손발과 옹알이로 부모를 행복하게 할 것. 학창 시절에는 학업에 충실하여 좋은 대학에 진학할 것. 대학 시절에는 남에게 뒤지지 않는 스펙을 쌓아 취업에 성공할 것. 그 후에는 결혼, 출산 등… 무엇 하나 해결했다는 생각에 안도의 한숨을 내뱉으려는 찰나도 허용하지 않고 과업처럼 여겨지는 일들이 휘몰아칩니다.

　그중에서도 인생의 2막을 여는, 진정한 내 몫을 하기 시작하는 순간을 꼽으라고 한다면 저는 '취업'을 택하겠습니다. 사회로부터 온전한 성인으로 인정받아 일과 급여를 받을 수 있는 관문을 통과하는 거니까요. 그래서일까요. 취업을 도와주는 학원은 있어도 퇴사를 가르쳐주는 학원은 어디에서도 찾아볼 수가 없습니다. 학원은커녕 '퇴사'에 대한 조언을 들을 수 있는 멘토조차 찾기 힘든 것이 현실이죠. 그래서 저는 수많은 시행착오를 겪을 수밖에 없었습니다. 퇴사가 좋은 것인지 나쁜 것인지는 부딪혀 본 다음에야 알 수 있었죠.

어린 시절 어머니께서 드시던 커피가 얼마나 달콤해 보이던지요. 친구들의 부모님께서는 어린이가 마시면 머리 나빠진다며 쉽게 허락하지 않으셨지만, 저희 어머니는 달랐습니다. "마셔봐야 별것 없다는 것도 알지"라며 흔쾌히 한 모금을 허락하셨어요.

네, 마셔보고 알았습니다. 특별한 것도 없었습니다. 어린이가 감당하기에는 쓴맛이 강했고, 저 음료를 마시면 어른이 될 것 같은 환상도 결코 현실이 아니라는 것을 깨달았죠. 하지만 여전히 부모님께 한 모금조차 허락받지 못한 친구들은 '환상의 세계' 저 너머를 궁금해 하고 안달복달해야 했습니다.

퇴사도 누군가에게만 특별히 허락된 선택지가 아닙니다. 취업에 성공하여 어딘가에서 재직 중인 직장인 누구나 마음에 품고 있고, 언제나 부딪혀 볼 수 있는 새로운 관문이죠. 하지만 우리는 단 한 번도 배우지 못했습니다. 퇴사를 하기 전에 어떤 고민을 해야 하는지, 퇴사할 때는 무엇을 조심해야 하는지…. 심지어는 퇴사를 쉬쉬하는 분위기 속에서 대체 저 너머에는 어떤 세계가 있는 건지 상상의 나

래만 펼칠 수밖에 없었습니다.

제가 거쳐온 7개의 직장은 그 시행착오의 증거입니다. 특별하지 않습니다. 그저 여러분과 같은 평범한 직장인이 손에 쥐고만 있던 용기 한 줌을 손에서 풀어놓았던 것뿐입니다. 그럼에도 저의 얘기가 어떤 분들에게는 사막의 오아시스처럼 반가운 존재일지도 모르겠습니다. 대체 누구에게 물어보아야 답을 얻을 수 있는 건지 몰라 답답했던 마음이 책을 한 장 한 장 넘기실 때마다 풀어질 수도 있고요.

제 유튜브 채널에서는 늘 "더 나은 일상을 위한 필수개념을 전해 드리는 개념 있는 희애입니다!"라는 인사말로 영상이 시작됩니다. 여러분의 일상이, 삶이 더 나아질 수 있는 선택을 하세요. 그 길에서 저의 경험과 글이 보탬이 되었으면 좋겠습니다.

퇴사의 시대가 왔다

1—①
대퇴사
시대

퇴사를 향한 전 세계의 움직임

'프로퇴사러'였던 저에게 퇴사는 익숙하다 못해 늘 삶의 한 조각 같은 존재로 자리해 왔습니다. 거쳐온 기업의 수만 해도 7개. 하지만 우리 사회에서 저 같은 사람은 '변종'이었죠. 장기근속이 자랑거리 중 하나였던 대한민국에서 조기 퇴사를 밥 먹듯이 하는 사람은 왠지 모르게 자꾸만 어깨를 움츠리게 됐던 것이 사실입니다.

그런데 어느 순간부터 주변에서 퇴사하는 사람들이 하나둘씩 늘어나기 시작하더군요. 급기야는 사회적인 문제이자 MZ세대의 특징으로 '퇴사'가 주목을 받을 정도였죠. 퇴사를 선택하는 사람들의 수가 점차 늘어나는 건 비단 우리나라만의 이슈는 아닌 듯한데요. 세계적인 가수 비욘세는 대놓고 '대퇴직을 위한 송가'를 만들었습니다. 제목은 'Break my soul!' 나의 영혼을 부순다니. 퇴근 후 직장인들이 모인 술자리에서나 나올 법한 표현이 노래 제목으로 떡하니 자리 잡았습니다. 게다가 가사는 더 적나라하고요.

"방금 회사를 때려치웠어. 빌어먹을. 회사는 나를 너무 부려먹어. 회사는 내 신경을 건드려. 그래서 난 밤에 잠을 잘 수가 없어."

비욘세가 회사 생활을 한 적이 있던가요? 솔직히 놀랐습니다. 말로는 100번도 넘게 퇴사한 옆자리 대리가 나지막이 읊조린 것이라고 해도 믿을 만큼, 바쁘다 바빠 현대사회 직장인의 심경을 너무나도 잘 대변한 가사라서요. 출근길에 오르는 순간부터, 아니 정확히는 아침에 눈을 뜨는 순간부터 퇴근을 갈망하듯 끊임없이 퇴사를 고민하는 건 우리나라나 미국이나 매한가지인 모양이네요.

특히 미국에서는 지난 수십 년간 볼 수 없었던 기현상이 나타나고 있습니다. 코로나19로 경제 상황이 악화되어 수많은 노동자가 직장을 잃게 되면서 여기저기에서 비명이 들려왔습니다. 어느새 3년이라는 시간이 흐르고, 겨울을 지나 꽃이 피듯이 경제는 점차 회복됐습니다. 기업들은 다시 사람들에게 손을 내밀었죠.

퇴사는 괜찮아,
방법이 문제지

그런데 어째서인지 사람들은 일자리로 돌아가지 않았습니다. 얼마든지 일자리를 얻을 수 있는 상황이 되어도 직장으로 돌아가는 것을 여전히 거부하고 있죠. 미국 노동부 집계에 따르면 2021년 기준, 미국에서 자발적으로 일을 그만둔 사람이 무려 4,740만 명. 그야말로 대퇴사 시대입니다.

퇴사와 퇴직의 정의

그런데 좀 헷갈리지 않나요. 똑같이 회사를 그만둔 상황을 말하는데 사람에 따라서 혹은 경우에 따라서 '퇴사'라고도 하고 '퇴직'이라고도 합니다. 저는 주로 '퇴사'라고 표현하는데, 명확한 뜻을 한번 정리할 필요가 있을 것 같죠? 국어사전을 찾아보면 퇴사는 '회사를' 그만두고 물러난다는 뜻입니다. 반면에 퇴직은 '현직에서' 물러나는 것을 의미합니다. 즉 퇴사는 재직 중인 '회사'에서 나가는 것에 초점을 맞춘 것이고, 퇴직은 하던 일을 더는 하지 않는 것에 주목한 건데요.

과거의 제가 선택했던 것, 그리고 대부분의 직장인이 선택하는 것은 아마도 전자인 '퇴사'가 아닐까요. 우리가 갈망하는 바는 '일' 자체를 그만두는 쪽이 아닌 '현재 재직하고 있는 회사에서 나가는 것'인 경우가 많으므로, 이 책에서는 '퇴사'라고 통일해서 표현하도록 하겠습니다.

제가 대퇴사 시대를 환영하는 이유는 명확합니다. 대퇴사 시대가 왔다는 것, 즉 퇴사하는 사람들이 많아졌다는 건 자신의 마음을 외면하지 않는 사람들이 그만큼 늘어났다는 증거이기 때문이죠.

통계청에 따르면 지난 2022년 5월 기준 청년층의 첫 직장 평균 근속기간은 1년하고도 6.8개월이라고 합니다. 또한 첫 직장으로 임금 근로 일자리를 얻은 15~29세 청년층 411만 7,000여 명 가운데 263만 8,000명, 약 65% 정도는 졸업 후 가진 첫 일자리를 그만뒀다고 합니다. 첫 일자리를 계속 유지하고 있는 청년이 훨씬 적다는 얘기죠.

퇴사를 결정할 때도 눈치를 보는 우리 사회

"퇴사 최고! 여러분 모두 퇴사합시다!"라고 외치고 싶은 게 아닙니다. 불과 5~6년 전, 제가 퇴사를 반복해서 할 때만 해도 '굳이?'라는 반응이 만연했는데요. 인스타그램에 #3번째퇴사 #또퇴사했습니다 등의 해시태그를 달아 퇴사 소식을 알리는 게시글을 올릴 때면 반응은 크게 두 가지였죠. 한쪽은 '부럽다'라며 선택을 응원하고, 자신 역시 퇴사하고 싶다는 마음을 드러내는 유형. 다른 한쪽은 '또?'라며 미간을 찌푸리는 유형.

사실 온라인상의 댓글 한 줄만 보고 상대의 미간이 일그러졌는지 아닌지까지 알 수는 없지만, 이해할 수 없다는 뉘앙스를 풍기는 사람들은 도처에 있었습니다. 이런 분위기이다보니 저처럼 용기 내어 퇴사하고 싶은 사람도 애써 자신의 마음의 소리에 귀를 닫을 수밖에 없었는데요. 모르는 문제가 생겨서 선생님께 질문을 하고 싶어도, 다른 학생들 눈치만 살피며 결국 손을 들지 못하던 학생들이 어른이 되고 직장인이 됐으니 그 의사결정 역시 다르지 않았죠.

'퇴사'라는 지극히 개인적인 문제에도 사회 전반의 분위기를 살피는 게 전형적인 우리나라 사람의 웃픈 의사결정 방식인 겁니다. 그럼에도 저는 마이웨이를 걸으며 퇴사를 선택했지만, 동료나 친구들이 분위기에 휩쓸려 한 발 더 앞으로 내딛지 못하는 상황은 그저 안타깝기만 했죠.

퇴사 고민을 하기에 최적의 시기

항공사에서 오버부킹Overbooking으로 좌석 수보다 많은 예약을 받으며 손해를 방지하는 것처럼, 요즘 기업들은 퇴사자를 염두해서 예정했던 인원보다 더 많은 직원을 뽑고 있습니다. 커리어테크 플랫폼 '사람인'에서 조사한 바에 따르면 실제로 다수의 기업 인사 담당자들이 직원들의 퇴사를 대비해서 당초의 예상 인원보다 10% 이상 채용한 경험이 있다고 설문에 답했습니다. 우리는 지금, 자기 자신을 충분히 돌아보며 내가 진짜 퇴사를 갈망하고 있는 것인지, 혹은 그저 일상의 피로에 짓눌려 습관처럼 퇴사를 읊조린 것인지를 고민하기에 최적인 시기에 서 있는 거예요.

만약 고민 끝에 내린 결론이 전자라면, 진짜 퇴사를 갈망하는 마음을 확인하게 됐다면 그 방법을 좀더 구체적으로 알아보고 더 늦기 전에 움직여야겠죠. 잔잔한 호수에 퇴사라는 커다란 돌을 던져서 파동을 만들어 보는 거예요. 지금까지 수차례 작은 조약돌들이 물결을 만들어 왔어도 애써 모른 척했다면, 이번에야말로 큰 물결을 만들어봅시다. 급할 것은 없어요. 너무 간절하게 퇴사를 갈망하고 1분 1초가 부족하다는 생각을 하면, 조금이라도 빠르게 의사결정을 내려야 된다는 압박감에 오히려 결정을 그르칠 수 있답니다. 천천히 최적의 시기를 잘 활용하는 거예요. 등 뒤에서 바람이 불어오면 걸음이 조금 가벼워지잖아요? 이 때를 놓치지 마세요. 또 언제 반대 방향으로 바람이 불어와서 걸음을 무겁게 할지도 모르니까요.

1 — ②
7번 퇴사,
훈장일까 과오일까

프로퇴사러를 향한 시선

앞서 언급한 것처럼 '프로퇴사러'는 저를 잘 설명해주는 수식어구 중에 하나입니다. 거쳐온 직장들은 크게 언론, 금융, 대기업, 공기업 4개 분야로 나눌 수 있고, 조금 더 잘게 쪼갠다면 7개 직장으로 열거할 수 있는데요.

왜 이렇게까지 퇴사를 많이 했는지, 그 이유는 뭐였는지는 뒤에서 찬찬히 다루도록 할게요. 먼저 퇴사에 대한 다양한 시선을 얘기 해보려 합니다. 한 사건을 두고도 역사의 흐름에 따라서 평가가 달라지듯, 저의 수많은 퇴사 또한 누군가로부터는 용기라며 박수를 받았고, 때로는 지탄의 대상이 되기도 했습니다. 선택은 저의 몫이었지만 날아오는 시선의 화살들은 저의 줏대를 강하게 흔들어댔죠.

"이만한 직장 또 없어. 너 무조건 후회한다." 은행을 그만둘 때 들었던 말입니다. 이건 만류일까 저주일까 순간 긴가민가했습니다. 이 말을 한 분은 저희 어머니와 동년배인 부지점장이었죠. 그분의 입은 더이상 움직이지 않았지만 눈빛으로는 한 마디를 더 보냈습니다. '도무지 이해할 수가 없네.' 일부러 눈을 피하면서 그 말을 마음에 담지 않으려고 노력했지만, 소용없었습니다. 출근 마지막 날까지도 상사들은 모두 같은 눈으로 저를 바라봤으니까요.

몇 년 뒤 공기업을 그만둘 때도 비슷한 상황을 마주해야 했습니다. "요즘 취업이 얼마나 어려운지 알지? 누가 공기업을 그만둬." 분명 다른 공간, 다른 사람들인데 저를 향한 눈빛은 하나였습니다. '도대체 퇴사를 왜 하는 거야?' 데자뷔는 아닌지, 몰래 허벅지를 꼬집어 봐야만 했죠.

'세대 갈등' '세대 차이'라는 단어를 사용하고 싶지는 않습니다. 하지만 퇴사를 입 밖으로 내는 순간 모든 상사의 표정과 눈빛이 서로가 연락처를 주고받아 미리 짜기라도 한 듯 같았다면 믿으시겠나요. "그래 희애씨는 어디를 가도 잘 해낼 거야"라고 격려해주시는 상사를 만나보지 못하고 직장생활을 끝낸 건 여전히 아쉬움으로 남아 있습니다.

　퇴사 후 본격적으로 유튜브 크리에이터로 활동하며, '7개 직장을 퇴사한 이유'라는 제목의 영상을 올렸습니다. 퇴사하기까지 어떤 생각을 했고, 앞으로의 행보는 어떻게 꾸려갈 것인지를 담아낸 영상이었는데요. 수많은 시청자가 '용기가 대단하다.' '부럽다.' 등의 반응을 보내며 응원을 해주었고, 댓글로 서로서로 위로하는 모습까지 펼쳐졌습니다.

　하지만 손톱 밑에 가시가 따끔거렸습니다. 부정적인 댓글들이 눈에 걸렸죠. '퇴사 자주 한 게 무슨 자랑이라고 이렇게 영상까지 올리시나요?' '그렇게까지 퇴사를 많이 했다면 사회부적응자라고 보여집니다.' 분명 랜선을 타고 닿은 활자인데 어디서 많이 본 듯한 시선이 바로 코앞에 있는 것만 같았습니다. 급기야 일부 댓글은 퇴사하는 모든 이들을 무책임한 사회 구성원으로 치부하기까지 하더군요. 눈을 질끈 감았고, 차마 '좋아요'를 뜻하는 하트를 누르지 못했습니다.

　평생을 자신이 빨간색 사과라고 생각했던 이가 "넌 노란색 사과야"라고 말하는 사람을 처음 만났을 때는 '무슨 헛소리지'하고 가벼이 넘길 수 있습니다. 하지만 두 번째, 세 번째 사람도 "넌 노란색이야"라고 얘기한다면 상황은 달라지죠. 동공 지진이 일어나며 '내가 진짜 노란색인가?' 지금까지 확고하던 신념이 흔들리고, 급기야 '그래 맞아. 난 노란색이야'라며 타인의 영향을 받아 생각이 바뀌게 되기도 합니다. 퇴사 횟수가 쌓여갈수록 '이해할 수가 없다'는 눈빛들도 짙어졌고, 저 역시 퇴사를 '과오'로 보게 되는 순간이 찾아왔습니다. 다른 사람들의 시선으로 이리 깎이고 저리 깎여, 어느새 뼈만 앙상하게 남은 사과처럼 저의 마음 역시 온전할 수가 없었던 거죠.

7번의 퇴사, 오명을 벗다

어두운 터널에서 빠져나올 수 있었던 건 손바닥을 반대로 뒤집은 덕분이었어요. 퇴사하기 위해서 선행돼야 하는 것! 무엇일까요? 바로 '합격'이죠. 머리를 숙여서 다리 사이로 세상을 뒤집어서 보니, 저는 '7번 퇴사한 사람'이기 이전에 '7번 합격한 사람'이더군요. 심지어 그 직장들 모두 소위 좋은 직장이었고, 좀더 정확하게 짚고 넘어가자면 7번 이상 합격을 했고요. 인기 프로그램 〈유 퀴즈 온 더 블록〉에서 '취업의 신'이라는 수식어로 출연을 한 분들을 보면서 유치하지만 "내가 더 많이 합격 했는데!!!"라고 외친 적도 있었죠.

　대한민국에서 취업 준비를 해본 분들이라면 누구나 그 과정을 아실 겁니다. 합격이라는 두 글자를 마주하기 위해서 수많은 자기소개서를 작성하고, 업무 능력과 무슨 상관인지 의문이 밀려오는 필기시험을 치르고, 맨땅에 헤딩하는 심정으로 면접 연습도 해야 합니다. 그 길고 긴 레이스의 끝에서 7번 이상 승기를 잡은 사람이 바로 '저'인 거죠.

이렇게 생각하기 시작하니 제가 거쳐온 직업, 직장의 다양성, 쌓아온 업무 능력의 스펙트럼이 자랑스럽게 조명되면서 어깨가 절로 펴졌습니다. 지속적으로 한 회사에 재직했느냐 하지 않았느냐의 차이로 누군가에게 지탄을 받아 마땅할 이유는 어디에도 없었습니다. 저에게 "넌 노란색 사과야!"라고 가스라이팅을 했던 이들에게 안과를 한 번 가봐야 할 것 같다고 받아치지 못했던 것이 아쉬워서 이불킥을 얼마나 했는지 모릅니다.

훈장이 된 이력, 또 다른 커리어를 만들다

이러한 의식의 흐름은 저의 경력을 내세우게끔 했습니다. 프리랜서가 되고 나서 제가 가장 먼저 했던 일이 바로 '취업 컨설팅'이었는데요. 언론사 경력 덕분에 글쓰기와 말하기는 누구보다 자신이 있었고, 그 밑에 깔린 수많은 합격 노하우를 전하고 싶다는 생각이 들어서 시작한 일이었죠.

지금은 더 이상 취업 컨설팅을 진행하지 않지만, 꽤 많은 학생을 합격으로 이끌었습니다. 그들이 저를 멘토로 선택하는 데 있어서 '7

개의 회사를 거친 프로합격러'라는 문구가 제 역할을 톡톡히 했을 겁니다. 한 번의 합격으로 회사에 재직 중인 사람은 많지만, 저만큼 다양한 분야에서 수차례의 합격과 경력을 쌓은 사람은 취업 컨설팅 시장에서 보기 드물었으니까요. 내세우지 않을 이유가 없는 더할 나위 없는 '훈장'이었습니다.

이때부터 저의 훈장인 이력들을 어떻게 포장할 수 있을지 고민하기 시작했습니다. 합격이라는 키워드로 새로운 커리어를 만들었던 것처럼 앞으로도 저의 경력들을 어떻게 부각시키느냐에 따라 활용 가능성이 무궁무진하다는 확신이 들었죠. 어쩌면 브랜딩의 시작이었을지도 모르겠습니다.

우리를 기억하는 것은 우리 뿐

최근 많은 기업이 MZ세대가 퇴사하는 이유를 찾으며 여러 가지 시도를 통해 구인난 해결에 나서고 있습니다. 물론 기업으로서는 짧게는 1~2주, 길게는 몇 달의 트레이닝을 거쳐 제 몫을 하도록 공을 들였는데, 짧은 근무 기간을 뒤로 하고 퇴사한다는 직원이 원망스러울 수 있습니다. 하지만 냉정하게 말하자면 회사는 우리의 인생을 책임져 주지 않습니다. 내가 퇴사한 후에 회사는 새로운 인력을 충원할 것이고, 나의 존재는 금세 잊히는 것이 현실이죠.

우리에게 화살을 던지는 이들 역시 마찬가지입니다. "또 퇴사야?" 미간을 찌푸리며 물음표를 던졌던 이들은 우리가 퇴사했다는 사실조차 기억하지 못합니다. 그저 그 순간 입 밖으로 나온 뒤 휘발되어 사라지는, 타격감이 전혀 없는 외침이었을 뿐입니다. 그러니 저의 7번 퇴사든 여러분의 단 한 번의 퇴사든, 그 누구에게도 질타의 대상이 되지 못할뿐더러 우리가 타격을 받을 이유도 없죠.

우리 스스로마저 "그래 맞아. 나는 노란 사과야"라고 동조해버린다면 우리의 지난날의 노력은 수포가 돼 버릴 겁니다. 그래서 저는 앞으로도 저의 7개 훈장이 찰랑찰랑 소리를 크게 낼 수 있도록 더당당하게 걸으려 합니다. 이 소리마저도 저에게만 들리는 것이겠지만요.

1—③
퇴사를 막는
'스위치'

워라밸에 대한 환상

최근 애플 TV 오리지널 드라마 〈세브란스 : 단절〉를 굉장히 인상 깊게 시청했습니다. 2022년 에미상에서 감독상을 두고 〈오징어 게임〉과 경쟁을 했던 작품이기도 하죠. 이 드라마는 '단절 수술'을 받은 사람들의 이야기를 그려냅니다. 여기에서 단절 수술은 직장에서의 삶과 직장 밖의 삶을 완벽하게 가르는 수술로, 완벽한 워라밸을 만드는 방법인데요. 물론 극적인 요소지만, 직장인이라면 한 번쯤 경험해보고 싶은 것이기도 합니다. 만약 단절 수술이 실제로 존재한다면, 세상에서 '퇴사'라는 두 글자는 사라지게 될까요?

퇴사는 괜찮아,
방법이 문제지

완벽한 워라밸, 그렇지 못한 자아

드라마 주인공인 마크는 죽은 아내에 대한 그리움을 근무하는 시간 동안만이라도 지워버리고자 단절 수술을 결정합니다. 그 결과 출근을 하는 순간부터 회사 밖에서의 일은 말끔하게 잊고 일에 집중할 수 있었죠. 이따금 우리가 바라는 모습이기도 합니다. 개인적인 감정이 업무에 지장을 주는 것은 그다지 반가운 일이 아니고, 반대로 회사에서 있었던 일들이 퇴근 후에도 나를 졸졸 따라다니는 건 더더욱이 유쾌하지 않으니까요.

자 이제, 완벽한 워라밸을 만들어냈으니 일상도 완벽하게 행복해졌을까요? 단절 수술을 받은 드라마 속 주인공의 삶은 의외로 수술 후에 더 꼬이기 시작합니다. 수술로 '나'를 이분법적으로 나눈 것이 원인이었죠. 자아가 분리되는 바람에 생기는 문제들이 하나둘씩 고개를 들었습니다.

실제로 직장에서 업무를 하는 나의 모습과 친구들과 즐거운 시간을 보내는 나의 모습 사이의 간격은 클 수밖에 없습니다. 드라마에서는 '이너'라고 불리는 직장에서 업무를 보는 자아와 '아우티'라고 불리는 직장 밖의 자아가 완벽하게 분리돼 있다 보니, 두 자아 사이의 격차가 날이 갈수록 점점 벌어지게 되는데요. 한쪽은 계속해서 출근을 반복하고 보고서를 쓰며 스트레스를 받지만 다른 한쪽은 줄곧 편안함과 일상의 즐거움을 누리기 때문입니다. 어느 쪽의 삶을 살아도 반쪽짜리 삶을 사는 셈이 되는 거죠.

휴가가 달콤한 진짜 이유

'와, 직장인들이 꿈꾸는 삶을 그려낸 드라마인가?' 호기심 넘치게 시청을 시작했지만 끝나고 나니, 입 안이 묘하게 까끌까끌해졌습니다. 이따금 입버릇처럼 "스위치를 탁! 하고 누르면 회사에서의 일은 잊을 수 있으면 좋겠어!"라고 얘기했던 직장인 시절이 떠올랐습니다. 드라마 속의 단절 수술과 비슷한 역할을 하는, 제가 그토록 바랐던 '스위치'가 있었다면 저는 퇴사를 선택하지 않았을까요?

제가 다녔던 회사 중 '이너'와 '아우티' 간의 균형이 가장 심하게 깨졌던 곳은 마지막 직장인 공기업이었습니다. 특히 재직 초반에 그 경계가 지나치게 허물어졌죠. 인원수가 적은 지방 지사에 배치받은 저의 모습은 마치, 시골 분교에 발령받은 서울내기 신입 교사 같았습니다. 모두가 저에게 주목했고 저의 일거수일투족이 가십거리가 됐어요. 하물며 선택사항임을 가장한 주말 근무를 피하기 위해서는 육하원칙에 따라 언제, 어디서, 누구와, 무엇을, 어떻게, 왜 할 예정인지 주절주절 늘어놓아야만 했습니다.

이렇다 보니 퇴근 후와 주말에 '아우티'인 상태일 때도 온전한 제가 아닌 기분이 들었습니다. 결국 저는 출근하는 순간부터 퇴근하는 순간까지 기계적인 소통을 하고, 사담을 주고받는 건 최대한 피하는 자발적인 '아싸*'의 길을 선택했죠. 더 이상 저의 사생활을 직장 내의 '이너'인 상태에서 공유하지 않아도 됐지만, 하루 중 9시간 이상을 감정 없는 부품처럼 앉아 있어야만 했습니다. 언젠가부터 회사에서의 저는 제가 아닌 것만 같았죠.

결국 직장에서 업무를 하는 나, 퇴근 후에 하루의 노고를 씻어내는 나, 하물며 흘러가는 시간을 아까워하는 주말의 나, 모두 나 자신입니다. 단절 수술 혹은 스위치를 통해서 자아를 분리하게 되면, 회사에 있는 나는 줄곧 피로감과 스트레스를 등에 업고 햇빛을 보지 못한 식물처럼 바싹 말라가게 되죠.

그렇다고 퇴근 후의 나는 마냥 행복할까요. 휴양지에서의 일주일이 더할 나위 없이 달콤한 이유를 생각해보면 그렇지도 않습니다. 휴가가 짜릿한 건 일상의 고단함이 존재하기 때문이잖아요. 당장 다음 주 월요일부터는 반복되는 쳇바퀴로 돌아가야 한다는 사실을 알기에 1분 1초가 달게 느껴질 수밖에 없는 거죠. 매일 같이 즐거움만 소모하는 일상에서는 그 행복이 오래갈 수는 없을 겁니다. '이너' 와 '아우티'가 서로의 영역을 침범하면서 조화로운 비율을 유지할

* 아웃사이더Outsiderd의 줄임말

때, 우리는 비로소 '나'라는 온전한 자아를 형성할 수 있습니다.

제대로 자아의 균형을 이루는 방법

과거의 제가 그토록 바랐던 스위치가 실제로 존재한다면 직장인들은 퇴사를 선택하지 않게 될까요? 아마도 그렇지는 않을 것 같습니다.

주 52시간 근무제도가 어느덧 자리를 잡으면서, 야근이 당연시됐던 삶보다 만족감이 커졌죠. 이전에는 회사 밖 아우티의 일방적인 희생을 강요당하는 분위기였다면, 이제는 아우티의 영역을 보장받으면서 회사 내 이너까지 저절로 긍정적인 영향을 받게 되었습니다. 자발적인 야근을 하면서도 더 이상 인상을 찌푸리지 않게 된 것 역시 이러한 이유죠.

안타깝게도 현실에서는 단절 수술도, 스위치도 존재하지 않습니다. 결국 이너와 아우티 중 어느 쪽에 힘을 실을 것인지, 중요도의 비율을 어떻게 구성할 것인지는 나 자신에게 달렸습니다. 단절 수술의 메스를 드는 것도, 스위치를 끄기 위해서 오른손을 번쩍 드는 것도 모두 나라는 걸 명심하자고요. 사회 구성원으로서 주도권을 온전히 내가 쥐었을 때 우리는 자아의 진짜 균형을 이룰 수 있답니다.

퇴사는 괜찮아,
방법이 문제지

조용한 퇴사 NO!
시끄러운 퇴사 YES!

요즘 청년들이 일을 대하는 방식

2021년도에 중국에서는 '탕핑'이 유행이었습니다. 탕핑은 '똑바로 누워서 아무 것도 하지 않는다'는 뜻인데요. 전력을 다해도 그다지 나아지지 않는 삶에 대한 회의적인 시각을 바탕으로 최소한의 것들만 충족하며 생활하자는 의미를 담고 있죠. 한동안 중국 직장인들 사이에서는 '탕핑'이라는 단어를 빼놓고는 대화가 되지 않을 정도로 폭발적인 호응을 얻었다고 합니다. 직장인들의 피로감이 얼마나 두터운지를 보여주는 것 같네요.

그런데 참 아이러니하죠. 불과 몇 년 전까지만 해도 '허슬문화'가

유행처럼 퍼져 있었는데 순식간에 정반대로 분위기가 전환될 줄 누가 알았겠어요. 허슬문화는 '노력하면 누구나 성공할 수 있다'는 기조로, 업무적 목표 달성을 위해서라면 피땀눈물을 아끼지 않는 것입니다. 개인의 삶보다는 일이 우선인 워커홀릭은 이러한 허슬문화에서 추앙의 대상이 되곤 하는데요. 특히 우리 사회는 지난 몇십 년 동안 '근면 성실'이 모든 덕목 중 맨 앞줄에 서는 것이 당연했습니다. 그렇기에 허슬문화는 물 흐르듯 우리 사회에 녹아들었고 '역시 우리가 틀리지 않았어!'를 확인시켜주는 계기가 되었습니다. 밤늦도록 불이 꺼질 줄 모르는 도심 속의 수많은 빌딩이 떠오르네요.

그런데 2022년도 여름, 미국 전역을 시끄럽게 만들었던 1분 남짓한 짧은 영상이 있습니다. 영상 속 남성은 지하철역 의자에 걸터앉아 있습니다. 곧 Quiet quitting(조용히 그만두기)라는 자막이 화면에 노출되고, 영상 아래에는 'Workreform(일의 개혁)'라는 단어가 해시태그 돼 있습니다. 이 짧고 굵은 영상의 반향은 엄청났습니다. 전 세계 다수의 사람이 해당 영상을 공유하며 자신을 생각을 덧붙였죠. '조용히 그만두기'에 대한 정의를 두고 수많은 기사가 쏟아질 정도였으니 그 영향력은 꽤 대단했습니다. 한편 틱톡 등 동영상 플랫폼에서는 자신의 퇴사를 공개적으로 알리고 퇴사 이유를 설명하는 #큇톡QuitTok 챌린지가 유행처럼 번지기도 했습니다.

조용한 퇴사 vs 시끄러운 퇴사

저는 문득 궁금해졌습니다. 퇴사가 조용히 해야 할 일인가? 미간이 찌푸려져서 영상과 기사들을 조금 더 자세히 살펴보니 약간의 오해가 있었더라고요. 그만두기라는 단어 때문에 저를 포함한 많은 사람이 '퇴사'를 떠올렸지만, 조용히 그만둔다는 것이 회사를 그만둔다는 의미는 아니었던 겁니다.

퇴사보다는 거리두기에 대한 선언에 더 가까웠는데요. 번아웃을 겪고 있는 직장인이 개인의 삶을 더 중요하게 여기면서, 일 그리고 직장과 거리두기를 하겠다고 선언하는 의미였죠. 과도한 업무에 대한 볼멘소리, 그 관종 버전 정도랄까요. 하지만 여전히 해소되지 않은 물음표가 있습니다. 설사 일과 거리두기를 하겠다고 선언하는 것으로 보더라도, 이 역시 조용히 해야 할 일은 아니지 않나요?

일과 회사를 위해서 나를 갈아 넣는 것은 당연한 일이고, 나를 지키기 위해서 거리두기를 하는 건 손가락질 받는 일로 간주하는 듯한 찝찝함이 남았습니다. 워라밸을 철저하게 지키면서 일보다는 나의 삶을 우선시하는 것이, 해서는 안 되는 일을 행하고 있는 것처럼 비치지 않을까 하는 우려까지 들었습니다. 슬프게도 우리 사회에서는 이를 정답이라고 여기는 사람들이 여전히 많은 것이 기정사실이기도 하고요.

돌이켜 보면 과거 저의 퇴사 과정 역시 시끄러운 쪽보다는 조용한 쪽에 가까웠던 것 같습니다. 퇴사 경험이 있는 분 중 열에 아홉은 마찬가지일 텐데요. 상사에게 퇴사 얘기를 꺼내는 순간부터 마지막으로 회사 문을 박차고 나가는 순간까지, 모든 과정은 은밀하게 이뤄지는 첩보작전을 방불케 하죠. 퇴사 얘기를 처음 접한 상사는 다른 직원들이 눈치채지 못하게 조용한 회의실로 자리를 옮겨 면담합니다. 모든 직원이 퇴사 사실을 알게 되어 공공연한 상태가 되더라도 퇴사 관련 업무처리는 소리소문없이 처리하는 것이 미덕처럼 여겨지죠. 이 과정에서 퇴사자는 자칫 죄인인 것 같은 감정을 갖게 되기도 합니다.

회사를 '졸업'하겠습니다

더 이상 소속되지 않는다, 끝낸다는 개념에서 퇴사는 졸업과 많이 닮았습니다. 소속돼 있던 곳이 회사냐 학교냐, 소속 기간이 정해져 있느냐 그렇지 않느냐 등 세부적인 성질은 차이가 있지만 비슷한 구석이 꽤 많죠.

최근에는 일터이자 배움터인 직장에서 한 단계 더 성장해서 떠나는 모습을 손뼉 치며 응원해주는 분위기가 적지 않게 조성되고 있습니다. 졸업식이 조용한 거 보셨나요? 자고로 졸업식은 성대하고 시끄러워야 합니다. 졸업식에는 형형색색의 꽃다발이 오가고 사람들의 얼굴에는 끝냈다는 후련함과 새로 시작한다는 설렘이 가득하죠. 퇴사를 졸업과 같은 선에 놓고 본다면, 퇴사 역시 마음껏 축하해 줘야 하는 이벤트라고 볼 수 있습니다. 동료의 새로운 출발을 진심으로 응원해주고, 얼마 남지 않은 회사 생활을 시끌벅적하게 양지로 끌어올려 성공적으로 마무리하는 거죠. 어쩌면 다음은 내 차례일지도 모르잖아요.

인상 깊은 퇴사 인사를 했던 지인이 문득 떠오르네요. 5년 정도 몸담았던 회사를 뒤로하고 자신의 이름을 건 사업을 시작한 분이었는데, 출근 마지막 날 회사 전 직원에게 이런 내용의 메일을 돌렸다고 합니다. "고민했던 시간은 참 길었는데 사직서를 내고 마지막 출근일인 오늘이 오기까지는 시간이 참 빨랐습니다. 지난 5년 동안 이토록 훌륭한 회사에서 멋진 동료들과 근무할 수 있어서 영광이었습니다. 덕분에 조금이라도 몸집을 키워 새로운 도전을 하게 됐네요. 회사와 동료 여러분의 앞날에도 따뜻한 햇살만 가득하길 바라겠습니다. 지난 5년 저를 키워주셔서 감사합니다."

내용은 약간 각색했습니다만, 자신을 일원으로 받아주고 업무역량을 쌓을 수 있도록 품어줬던 회사와 함께했던 동료들, 그리고 한 번도 만난 적은 없지만 같은 목표를 향해 달렸던 모든 사람을 향해서 감사한 마음을 전했던 마지막 인사. 이보다 더 시끌벅적하고 따뜻한 퇴사 인사가 있을까 싶더라고요. '나'라는 일원이 있었다는 사실을 기억해달라는 의미도 담겨 있었을 겁니다.

탭 슈즈를 신고 맞는 마지막

모든 이들의 마지막이 이토록 따뜻하고 시끌벅적할 수는 없을 수도 있겠죠. 하지만 적어도 숨죽이며 까치발을 들고 어깨를 잔뜩 웅크린 채 나가는 뒷모습은 아니었으면 좋겠습니다. 탭 슈즈를 신고 신명 나는 리듬을 만들며 "저 퇴사해요! 축하해주세요!!!" 이목을 집중시키는 시끄러운 그만두기. 아직 조금은 어색하고, 이래도 되나 싶을 수 있지만 건강한 직장 문화로 자리 잡기를 바라봅니다.

1—⑤
직장인 2대 허언은
아직도 유효하다

직장인들의 말말말

대한민국 직장인이라면 모를 수가 없는 '직장인 2대 허언'이 있죠. "나 퇴사할 거야." "나 유튜브할 거야."

유튜브를 하겠다는 결심은 의외로 쉽게 실현될 수 있습니다. 유튜브에서 아이디를 만들고 채널을 개설한 뒤, 어떤 소재로 콘텐츠를 만들지 약간의 고민을 거쳐서 촬영과 편집을 합니다. 거창한 장비도 필요 없습니다. 스마트폰 카메라면 충분하죠. 욕심을 좀더 낸다면 마이크도 사고 조명까지 구비할 수 있겠지만, 대부분 여기까지 가지 못합니다. 호기롭게 시작했지만 즉각적으로 나타나지 않는 반옹에 실망하며 적게는 1~2주, 길게는 한 달도 넘게 만든 영상을 비공개로 전환하는 분들이 대부분입니다. 당근 마켓에 많이 올라오는 품목 중 하나가 촬영 장비라고 하니, 포기하는 분들이 그만큼 많다는 거겠죠.

유튜브 채널만 개설하면 단숨에 인플루언서가 돼서 협찬과 광고가 쏟아질 거라고 생각하시는 분들이 많습니다. 유튜브 채널 하나면 퇴사 시기를 앞당길 수 있을 것만 같죠. 하지만 그렇지도 않습니다. 역시 현실은 호락호락하지 않다는 걸 깨닫는 계기만 하나 늘고, 쓸쓸하게 입맛을 다시게 됩니다. 뭐, 결과가 어찌 됐든 "유튜브를 시작할 거야"라고 내뱉었던 말은 더 이상 허언이 아니게 되겠죠. 죽도 밥도 안 돼도 일단 고!는 해봤으니까요.

유튜브는 결과가 만족스럽지 못하면 영상을 내리거나 채널 문을 닫으면 됩니다. 없던 것으로 되돌릴 수 있는 기회가 있죠. 하지만 퇴사는 사정이 다릅니다. 한 번 지르고 나면 돌아올 곳이 없습니다. 수많은 직장인이 퇴사를 꿈꾸지만 실제 퇴사까지 이어지지 못하는 이유입니다.

대퇴사 시대라고 칭해지는 요즘이지만, 직장인 3명 중 2명은 여전히 가슴 속에 사직서를 고이 간직한 채 어제와 똑같이 출퇴근을 반복하고 있습니다. 직장인 2대 허언, 여전히 반쯤은 유효한 셈입니다. 일단 사무실 내에서 내 주변만 둘러봐도 누가 퇴사를 한다는 걸까 싶을 만큼 다들 자리를 잘 지키고 있을 겁니다.

퇴사를 못한 나는 패배자일까

한 취업 포털사이트가 직장인 약 3천 명을 대상으로 한 조사에 따르면 퇴사를 결심한 직장인 중 실제 퇴사를 한 직장인은 35.2%, 퇴사를 포기한 이들은 64.8%라고 합니다. 여러 가지 이유로 퇴사하기로 한 마음을 번복하게 되는 건데요. 마음을 돌린 사유는 크게 7가지로 나타났습니다.

1위는 '퇴사 후가 막막해서.' 2위는 '경력을 더 쌓은 후에 퇴사하려고.' 3위는 '이직이 뜻대로 되지 않아서.' 4위는 '의지했던 상사와 동료의 만류로.' 5위는 '일에 대한 책임감 때문에.' 6위는 '내 마음이 바뀌어서.' 7위는 '회사가 더 좋은 조건을 제시해서'로 나타났습니다. 조사 결과 하나가 대한민국 전체 직장인의 마음을 대변할 수는 없겠지만, 한 번쯤은 다들 마음에 품어봤던 감정이라 무시할 수준은 아닐 겁니다. 어느 것 하나, 나랑은 딴 세상! 남의 이야기 같다고 생각되는 것이 없죠.

"나만 퇴사를 못 하는 건 아닐까?"하고 일말의 패배감을 품고 있었다면 내려놓으셔도 좋습니다. 데이터에서 볼 수 있듯이 3명 중 2명은 현재의 자리를 잘 지키고 있는걸요. 줄다리기 경기가 끝나고 손에서 줄을 놓아버리듯, 밥줄을 미련 없이 놓을 수 있는 사람이 몇이나 될까요.

특히 우리는 사회적 분위기의 특성상 '가족' '친구' '동료' 등 내가 속해 있는 울타리를 소중하게 여겨야 한다, 나아가서는 어딘가에 소속되어 있는 것이 마땅하다는 분위기에서 성장했습니다. 명절마다 들려오는 "결혼은 언제 하니?" "취업은 했니?" 지긋지긋한 잔소리들 모두 하루라도 빨리 새로운 울타리 안으로 들어가라는 재촉이죠. 이처럼 울타리 밖으로 나가서 홀로서기 하는 것을 배워본 적이 없으니, 퇴사를 두려워하는 게 당연할지도 모르겠습니다.

'직장인 2대 허언'이라는 말에서 '허언'이 괜히 붙은 게 아닙니다. 그만큼 많은 사람이 실천할 엄두도 못 내고 있다, 설사 도전을 한다고 하더라도 중도 포기하는 경우가 많다는 얘기입니다. 대퇴사 시대라고 해서 모두가 손잡고 한마음으로 퇴사를 해야 하는 건 아닙니다. 현재 회사에 다니고 있는 나의 모습을 사랑하고 아끼는 분들도 얼마나 많다고요. 모두가 지극히 정상입니다.

떡볶이가 싫다면 먹지 않아도 괜찮아요

어떻게 들어온 회사인데! "요즘 같은 시기에 퇴사 안 하면 바보 아니야?"라는 분위기에 휩쓸리는 건 안 될 말이죠. 몇 달을 공들여

진행하던 프로젝트가 수포가 되었을 때, 상사에게 아침부터 핀잔을 들었을 때, 점심을 먹다가 문득 울컥하는 감정이 치밀어오를 때. '퇴사'라는 두 글자를 생각해 보지 않은 직장인이 누가 있을까요. 하지만 모두가 순간의 감정에 따라 사표를 던지고 문을 박차고 나오지 않듯, 옆자리 대리가 퇴사를 한다는 이유만으로 마음이 일렁여서는 안 됩니다.

어릴 때는 내가 떡볶이를 먹고 싶지 않아도 친구들이 먹고 싶다고 하면 우르르 몰려가서 함께 떡볶이를 먹곤 했죠(아, 오해 마세요. 떡볶이는 저의 최애 음식이랍니다). 나만 다른 행동을 하면 친구들 사이에서 낙오될 것만 같은 불안감으로, 지금은 먹고 싶지 않다는 말 한마디를 차마 입 밖으로 내지 못했습니다. 주머니에 남아있는 천원으로 아이스크림을 사 먹을 요량이었는데 떡볶이를 먹는 바람에, 아침부터 부풀었던 기대는 단숨에 무산되고 맙니다. 이럴 때는 마음이 불편해서 급기야 체하기까지 하죠.

우리는 더 이상 다수의 의견에 휩쓸려서 먹고 싶지도 않은 음식을 먹는 어린아이가 아니잖아요. 아무리 미디어에서 다수의 청년이 퇴사를 선택하고 있다고 한들, 모든 상황을 고려했을 때 'Stay!'라는 결론이 나온다면 나는 반대의 소수가 돼야 합니다.

저는 여러분이 퇴사하길 바라는 게 아니에요. 퇴사를 앞에 두고 GO를 할지 STOP을 할지 망설이고 있을 때 여러분에게 약간의 첨

언을 드리고 싶은 거랍니다. 직장인 2대 허언을 그대로 허언으로 둘지 판을 뒤집을지는 여러분에게 달려 있어요.

퇴사를 부르는
상사 유형

꼰대 질량 불변의 법칙

퇴사는 '회사를 떠나는 것이 아니라, 상사를 떠나는 것'이라는 말이 있습니다. 이 말을 처음 들었을 때 무릎을 탁! 하고 쳤죠. 어쩜 이리도 맞는 말일까요! 대퇴사 시대가 아니라고 해도 우리를 퇴사의 낭떠러지로 내모는 것은 너무나도 많습니다. 그중에서도 상사, 더 넓게는 사람이 결코 빠질 수 없는 이유잖아요. 꼰대에 관한 이야기, 따로 떼어서 하지 않을 수가 없었습니다.

'돌아이 질량 불변의 법칙', 어느 조직이든 '돌아이'는 무조건 존재한다는 건데요. 저는 7개 직장을 거치면서 조금 변형된 법칙을 만들어 봤습니다. '꼰대 질량 불변의 법칙'입니다. 뷰티 덕후들이 자주 하는 '하늘 아래 똑같은 색조는 없다'라는 말처럼 꼰대 역시 마찬가지더라고요. 하늘 아래 똑같은 꼰대는 없습니다. 하지만 크게 분류는 가능합니다. 여러분이 마주하고 있는 그 꼰대는 어떤 유형에 속하는지 대입해보는 것도 재밌겠네요.

하나. 'For you'형. 개인적으로 가장 싫어하는 꼰대 유형입니다. "너를 위해서 하는 말이야." "걱정돼서 해주는 말인데…." 사회 경험이 부족했던 시절, 진정으로 저를 위하는 말인 줄 알고, 조언해 주셔서 감사하다며 음료수까지 내미는 흑역사를 생성한 적도 있었습니다. 그런데 시간이 갈수록, 소위 얘기하는 짬이 찰수록 눈에 보이더라고요. '나'를 위해서 기꺼이 당신의 소중한 시간과 에너지를 소비한 것이 아니라, '당신'을 위해서 한 얘기였다는 것이요. 아직 자신의 기준에 맞지 않게 행동하는 신입사원을 자신의 입맛에 맞게 바꿔놓으려는 수작이었던 거죠.

For you 형은 유난히 젊은 꼰대가 많습니다. 어른이라고 칭하기에도 민망한 행동을 하는 상사들을 보면서 '저렇게는 되지 말아야지!'라고 교훈을 얻은 게 아니라, '내가 당했으니 너도 피할 수 없지!'라는 그릇된 사고를 갖게 되면서 탄생한 이들이 젊은 꼰대죠. 군대에

가보지는 않았지만 군대의 군기 문화가 사라지지 못하는 것도 이러한 이유 때문이지 않을까 싶었습니다. 공기업 입사 1년 차 때 저를 탕비실로 데려가 "웃어라"라고 했던 몇 달 앞서 입사한 선배, 아직도 잊지 못합니다. 신입이 웃어야 사무실 분위기가 산다며, 말끝에는 저를 위해서 하는 얘기라는 수식어구를 빼놓지 않더라고요.

둘. '라떼Latte' 형. 자신의 과거를 들먹이며 훈계하는 사람들이 등장하면 '라떼는 말이야'라고 유머러스한 자막을 단 영상들을 흔히 볼 수 있습니다. 회사에서 "나 때는 말이야"라며 자신의 과거를 영웅담처럼 늘어놓는 꼰대들을 희화화하는 것이죠. 요즘은 일상 대화에서도 처음부터 "야! 라떼는 말이야!"라고 말하면서 일부러 유통기한이 한참 지난 얘기라는 걸 강조하며 우스갯소리를 하기도 하지만, 직장에서의 라떼는 결코 유쾌할 수가 없습니다.

"내가 신입일 때는 선배들보다 먼저 퇴근하는 건 상상할 수도 없었어." 라떼 형의 전형적인 화법이죠. 뭔가를 하지 말라는 것은 어떻게 들어도 미간이 찌푸려지는데 "신입사원이 선배들보다 일찍 퇴근하는 게 보기 좋지는 않아"라고 직설적으로 내뱉지만 않으면 좋은 선배가 될 수 있다고 생각하는 착각의 태도는 더 넌덜머리가 납니다(개인적으로 라떼 보다는 아메리카노를 선호합니다).

셋. '조선시대 가부장' 형. '여자가 말이야.' '남자가 말이야.' 남녀의 역할을 구분 짓는 것은 기본이고, 외모 지적에 상대의 가정사를 캐묻기까지. 이웃집 이불 속 사정까지 알던 조선시대에서 타임슬립이라도 한 걸까요. 귀를 의심하게 하는 이야기들을 거침없이 내뱉는 상사 유형, '조선시대 가부장' 형입니다. 반드시 남자 상사만 해당되는 것도 아닙니다. 제가 마주했던 세 번째 유형의 상사는 여자였거든요.

가령 이들 기준에서 차를 타오는 건 무조건 여자 직원이 해야 할 일입니다. 아, 여기서 '차'는 tea를 의미하고요. 사무실에 손님이 방문하면 가장 최근에 입사한 여자 직원은 손님의 차 마시는 취향을 여쭤보고 차를 대접해야만 했습니다. 업무 분장표에는 쓰여 있지 않지만 반드시 해야 하는 일이었지요. 후배 직원이 남자라는 이유로 저에게만 손님 대접을 시키며 "남자는 이런 거 하는 거 아니야"를 시전하던 과장님 잘 지내시는지 모르겠습니다. 놀랍게도 그분에게도 딸이 있더라고요.

넷. '답정너' 형. '답정너'란 '답은 정해져 있으니 넌 대답만 해'라는 태도로 일관하는 것을 말합니다. 이건 뭐… 끝판왕이죠. 본인이 무조건 옳은 유형이기에 답이 없습니다. 이런 유형이 중간 관리자도 아니고, 최고 책임자의 위치에 있다면 해당 조직은 답정너 꼰대의 명령에 살고 죽습니다. 업무적으로 답정너인 것은 물론이고 남의 가정사도 본인이 말하는 것이 진리인 것처럼 여길 때도 있고요.

한 번은 보도자료를 작성하라는 업무를 지시받은 적이 있습니다. 언론사 출신의 실력을 보여주겠다는 의지를 불태우며 혼을 담아 작성했죠. 답정너 상사는 빨간펜 학습지 선생님에 빙의해서 온통 빨간 줄을 긋더라고요. 수정에 수정, 재수정에 수정을 거듭하다가 '무슨 보도자료가 이래…?'라고 자괴감이 들 때쯤, 답정너 상사가 종이 한 장을 쓱 내밀더군요.

"이런 식으로 쓰란 말이야." 결국 처음부터 본인이 원하는 바가 있었던 거죠. 답정너의 결과를 마주하기까지 아까운 반나절을 흘려보내야 했던 기억이 아직도 생생합니다.

회사에 친구를 사귀러 가는 건 아니니까

꼰대 유형을 나누었으니 이제 이들과 맞설 현명한 대응책을 내놓을 차례일 것 같지만, 꼰대를 상대하는 것에 답이 어디 있겠어요. 그저 '적을 알고 나를 알면 백전백승'이라는 말을 마음에 새기며 내 눈앞의 꼰대는 어떤 유형일까 생각해보자는 것입니다.

다만 이것 하나만은 불변의 진리입니다. 회사는 친구를 사귀기 위해서 가는 것이 아니다! 직장에서 마주하는 모든 사람이 나를 좋아

하고, 나와 사적인 관계를 맺으며 인연을 이어갈 수는 없겠죠. 그래도 사회초년생 때는 업무적으로만 상대를 대하는 것이 매정하다고 느낄 수도 있습니다. 꼰대 상사나 선배로 인해서 스트레스를 받을 때도 '왜 나를 좋아해 주지 않을까'라는 생각에 괴로워하는 경우가 많고요.

저 역시 20대 초반에는 아직 어려서 선배들의 마음을 충분히 이해하지 못하는 거라며 자신을 탓했고, 20대 중반에는 이 회사에 유난히 꼰대가 많은 것 같다고 내가 속한 울타리를 원망했습니다. 하지만 마지막 회사의 문을 닫고 나오면서 깨달았죠. "꼰대 없는 회사는 없구나!" 그러니 하나의 사회적 현상이라고 생각하고 받아들이면 마음이 조금은 편해질 겁니다. '나는 회사에 일하러 왔다.' '이 모든 것은 업무의 일부다'라고 주문을 외워보세요. 누구의 탓도 아니고 누구의 잘못도 아닙니다. 상대를 굳이 이해할 필요도 없답니다.

퇴사가 정말 답일까?

2 — ①

후회 없는 퇴사가
존재할까

대기업 부장이 될 뻔했던 배우

배우 허성태 씨 아시나요? 넷플릭스 오리지널 드라마 〈오징어 게임〉에서 인상 깊은 연기를 보여줬던 배우죠. 허성태 씨는 대기업을 퇴사하고 돌연 배우의 길로 전향한 분으로도 유명합니다. 그런 그가 한 인터뷰에서 "대기업 퇴사를 후회한 적이 있다"라고 고백했는데요. 대기업 재직 당시에 술기운을 빌려서 연기자 오디션에 지원했는데, 그 프로그램이 바로 SBS 서바이벌 프로그램 〈기적의 오디션〉이었다고 하죠. 그렇게 그는 35살의 나이에, 어쩌면 신인 연기자 치고는 적지 않은 나이로 연기 인생을 시작하게 됩니다.

"그때 방송에 나오지 않았다면 지금도 회사에 다니고 있었을 것 같아요. 아마 부장급까지는 가지 않았을까요?"라고 너스레를 떨던 그. 퇴사를 후회했던 이유로 "경제적으로 풍요로운 생활을 하다가 갑자기 바닥으로 내려왔던 상황이라…"라는 대답을 내놓았습니다. 지금이야 수많은 드라마와 영화를 넘나들며 뇌리에 박히도록 배우 허성태만의 연기를 보여주고 있지만, 데뷔 이후 5년이 넘는 시간 동안 독립영화 출연이 대부분이었기에 그럴 만도 했죠. 왜 후회하는 순간이 없었겠어요. 감히 짐작하건대 오디션에 낙방하고 기울이는 술 한잔, 한잔에 후회의 눈물도 같이 담기지 않았을까 싶습니다.

Risk와 Danger의 차이점

"퇴사하고 나서 후회된 적은 없으셨나요?" 저 역시 이 질문을 유튜브의 댓글로, 강연장에서 QnA로 참 많이 받습니다. 저라고 왜 후회를 한 번도 안 했겠어요. 그렇다면 거짓말이죠. 제가 이런 질문을 받을 때마다 답변으로 내놓는 레퍼토리 하나를 들려드릴게요. 바로 Risk와 Danger의 차이점입니다.

보통은 이 두 단어의 뜻을 말해보라고 하면 둘 다 '위험'이라고 풀이하는 경우가 많습니다. Risk가 쓰일 자리에 Danger가 쓰이는 등 혼용되기도 하죠. 그런데 두 단어를 모두 위험이라고 풀이하게 되면 반은 맞고 반은 틀립니다.

Risk의 속뜻은 '불안함에 놓여있는 상태' 정도로 볼 수 있습니다. 진짜 위험에 처해있거나 위험을 마주하고 있는 상황보다는, 아직 오지 않은 위험에 대한 두려움 정도에 가깝다고 볼 수 있죠. 즉 퇴사하기도 전에 떠올리는 '이직에 실패하면 어떡하지?' '나중에 후회하지는 않을까?' 등의 걱정이 이에 해당한다고 볼 수 있습니다.

리스크가 없다면 수익도 없다

재테크에서도 '리스크를 안고 간다'라는 말 정말 많이 합니다. 언뜻 들으면 투기성이 짙은 위험한 투자인 것처럼 느껴지기도 하지만, 리스크를 안고 가는 상품일수록 수익이 크게 날 확률도 높다는 건 누구나 알고 있는 이치죠. 그렇다면 재테크 방법 중에서 리스크를 동반하지 않는 방법은 뭐가 있을까요? 대표적인 것은 적금과 예금입니다. 투자성 상품에 비해서 이자는 적지만 원금이 줄어들 일은 없습니다. 더 안전한 방법은 돼지 저금통에 쨍그랑 한 푼, 쨍그랑 두 푼 저축을 하는 것이고요. 이 방법은 이자는 일절 생기지 않지만 우리집에 도둑이 들지 않는 이상 내 돈은 더할 나위 없이 안전합니다. 리스크를 끌어안지 않는 대신 안정성은 커지고, 기대할 수 있는 수익은 줄어드는 것이죠.

결국은 선택입니다. '난 안전한 재테크를 원해!'라는 보수적 투자성향을 가진 분들은 예금과 적금을 선택하면 되고, '난 큰 수익을 위해서 모험을 하겠어!'라는 공격적인 투자성향의 분들은 주식이나 펀드 등의 투자성 상품을 운용하면 되는 거죠.

퇴사 역시 마찬가지입니다. 손실이 날 수도 있지만 수익이 날 수도 있는, 어쩌면 대박일지도 모르는 '리스크를 안고 가는 것'이 바로 퇴사인 겁니다. 퇴사 전에 이직할 회사에서 합격 통지를 받고 난 다음이라면 모를까, 리스크를 안고 사표를 던지는 건 모두가 매한가지잖아요. 아직 오지 않은 상황에서 내가 던진 윷이 도일지 모일지는 아무도 모르는 거니까요. 저 역시 퇴사하기 전, 설렘만 가득한 적은 단 한 번도 없었던 것 같습니다. '후회하려나?' '내가 생각하는 대로 일이 풀리지 않으면 어떻게 하지?' 온갖 걱정이 꼬리에 꼬리를 물고 밤잠을 설치게 했죠. 다만 저는 제 인생에 모험을 걸어보기로 선택했을 뿐입니다.

후회를 '덜'할 수 있는 선택

과연 후회 없는 퇴사가 존재할까요. 아니 더 나아가 후회 없는 선택이란 존재할까요? 이 퇴사는 다소 감정적이었던 것 같고, 저 퇴사는 오히려 더 빨리하지 않았던 것이 아쉬웠습니다. 특히 은행을 관두고 나서 공기업으로 이직 준비를 할 때는, 매달 임대인에게 자취방 월세를 이체할 때마다 '내가 왜 그랬지?' 머리를 콕 쥐어박곤 했죠. 마치 허성태 씨가 술잔을 기울였던 것처럼요.

영화 〈인터스텔라〉에서 주인공이 책장 뒤에서 과거의 자신에게 신호를 보내는 장면이 나오잖아요. 그것처럼 책장 뒤에 숨어서 과거의 저에게 "지금이야! 당장 퇴사해!"라고 신호를 준다면 그 직장에서의 퇴사는 군더더기 없이 완벽한 퇴사가 될 수 있을까요?

글쎄요. 후회를 '덜' 할 수는 있어도 후회가 없을 거라고 장담하긴 어려울 것 같습니다. 혹시 지금 퇴사해도 후회, 안 해도 후회일 것 같고 완벽한 선택을 해야 한다는 압박으로 스트레스를 받고 있다면, 어느 쪽이 후회를 덜하는 쪽일지를 고민해 보세요. 무엇을 선택하든 크고 작은 후회는 흉터로 남게 돼 있으니까요. 다만 이 말씀은 꼭 드리고 싶어요. 윷가락을 던지지 않으면 도일지 모일지 알 수 없잖아요. 하지만 내가 원한다면 던지지 않아도 괜찮아요. 이리 재고 저리 재봤을 때 내가 덜 후회할 수 있는 쪽이 윷을 던지지 않는 것, 즉 퇴사하지 않는 쪽이라면 과감하게 윷을 내려놓으세요. 그리고 더 이상 "만약 내가 윷을 던졌더라면…"이라는 가정으로 자신을 괴롭히지 마세요.

예금과 적금을 선택해서 당장 수익을 내지 못했더라도, 언젠가는 안전하게 모은 목돈으로 더 큰 투자를 하게 될지도 모릅니다. 자신의 선택을 믿으세요.

2—②
퇴사 사유
체크리스트

퇴사 사유를 마주해야 하는 이유

퇴사를 후회하는 사람들에게는 공통점이 있습니다. 내가 직면한 문제가 무엇이고 이 문제를 어떻게 해결하고 싶은가에 집중하지 않고, 그저 이 조직에서 벗어나는 것을 최우선의 해결과제로 느낀다는 겁니다. "왜 퇴사하셨어요?"라는 질문에 자신 있게 대답을 못 하고 우물쭈물한다면 여기에 속하는 분일 확률이 높죠.

직장에 들어오는 순간부터 '난 머지않아 반드시 퇴사하고 말 거야!'라고 생각하는 사람은 없을 겁니다. 재직 중에 발견되는 아쉬움과 여러 가지 갈증들이 모여서 퇴사와 이직, 그리고 다른 방향성을 결심하게 됐을 텐데요. 바로 그 이유! 내가 왜 퇴사하고자 하는가에 대한 궁극적인 이유를 파악하지 못하고 퇴사를 한다면, 우린 결국 또 제자리로 돌아오게 됩니다.

이렇듯 우리가 퇴사 사유를 명확하게 정리해야 하는 이유는 선명합니다. 지금까지 마음속에 막연하게 떠다니던 '퇴사'에 대한 생각들을 적확한 단어로 표현해보고, 객관화할 수 있는 최적의 방법은 바로 '퇴사 사유 체크리스트'를 작성해보는 것입니다. 내가 품고 있는 퇴사에 관한 생각이 과연 진짜 퇴사로 이어지기에 충분한 것인지를 확인해볼 수 있죠. 지금 당장 퇴사를 향해 드릉드릉 달려 나갈 것 같은 마음은 잠시 가라앉히고, 저와 함께 퇴사 사유 체크리스트부터 작성해 봅시다.

퇴사 사유 체크리스트 작성 방법

우선 '난 이래서 퇴사하고 싶어!'에 해당하는 사유들을 쭉 적어보세요. '근무 환경' '급여' '동료' '회사의 비전' 등등 여러 가지가 있겠죠. 중구난방으로 쓰인 사유들을 두 가지로 분류해서 퇴사로 해결될 수 있는 문제인지를 살펴봐야 합니다.

퇴사 사유는 크게 '공적 사유' '사적 사유'로 분류됩니다. 공적 사유에는 소속된 회사의 특성으로 결정되는 '연봉' '근무 지역' '복지'

'고용 안정성' 등이 해당합니다. 나의 의지나 마음가짐과는 무관하게 내가 어느 직장에 소속돼 있는가에 따라서 결정되는 객관적인 요소들이죠. 반면 사적 사유에는 '동료' '번아웃' '커리어 방향 변경' 등이 해당합니다. 내가 희망하는 방향성과 의지에 따라서 결정되는 비교적 주관적인 요소들입니다.

혹시 내 마음속에 떠다니는 퇴사 희망 사유가 어디에 해당하는지 모호하다면, 이렇게 분류해도 좋아요. 퇴사를 통해서 100% 해소되는 문제라면 공적 사유, 이직했을 때도 발생할 수 있는 문제라면 사적 사유. 자, 그럼 직장인이라면 누구나 고민할 만한 요소들로 예시를 한번 들어볼게요!

'동료 문제'가 대표적인 사적 사유?

우리가 퇴사를 고민하는 이유 중 자주 언급되는 단골손님은 '동료' 즉, 사람이죠. 회사 동료가 나와 너무나도 맞지 않아서 출근 자체가 지옥 같다면 퇴사가 절실하게 느껴질 겁니다. 저 역시 직장생활을 하면서 늘 스트레스 요인으로 따라다녔던 문제이기도 하고요. 그런데 동료 문제는 과연 퇴사만 하면 100% 해결된다고 볼 수 있을까요?

내가 원래 소속돼 있던 A 회사에서 떠나서 B 회사로 이직을 했다고 가정해 볼게요. 과연 이직을 통해서 동료 문제를 완벽하게 해결할 수 있을까요? 이직한 B 회사에서도 사람 스트레스가 극심할 수 있고, 오히려 지금보다 상황이 더 심각해질 수도 있습니다. 어딜 가나 나와 맞지 않는 사람은 존재하는 법이니까요. 그러니 동료 문제는 퇴사한다고 해서 완벽히 해결되지 않는 '사적 사유'로 볼 수 있어요.

물론 사회적으로도 심각한 문제가 되는 사내 따돌림이나 괴롭힘을 당하고 있는 경우라면 얘기가 달라지겠지만, 단순히 동료 관계가 좋지 못하다는 이유로 퇴사를 선택하는 것은 후회로 이어질 확률이 높습니다. 이런 경우에는 무조건적인 퇴사보다는 부서 이동을 신청하거나 심리 상담 등을 통해서 다른 길을 모색하는 것이 더 현실적인 방법이 될 수 있습니다.

대표적인 공적 사유, '연봉'과 '타지 근무'

이번에는 공적 사유를 예시로 들어 볼게요. '연봉'도 퇴사를 고민하게 하는 요소 중 하나죠. 현재 재직하고 있는 A 회사에서 저의 연봉이 2,500만 원이라고 가정해 봅시다. 나이는 들어가고, 수년 내에 결혼도 할 것 같은데 현재의 급여로는 생활을 꾸려가기가 빠듯하다는 생각이 자꾸만 듭니다. 그래서 매일 밤 현재의 직장보다 연봉이 높은 회사의 채용 공고를 들여다보죠.

연봉은 현재 이 회사에 다니고 있기 때문에 결정되는 조건입니다. 퇴사하고 연봉이 더 높은 회사로 이직을 한다면 100% 해결될 수 있는 퇴사 사유이기 때문이죠. 특히 앞으로 연봉이 더 올라갈 것이라고 기대조차 할 수 없는, 연봉 상승률이 미미한 회사에 재직 중이라면 이에 대한 아쉬움이 더 클 수밖에 없습니다. 유사한 퇴사 사유로는 '복지' '상여금의 유무' 등이 있어요.

'타지 근무'도 대표적인 공적 사유입니다. 최근 공기업들이 대부분 지방으로 본사를 이전하면서 대두되고 있는 퇴사 사유인데요. 2022년 상반기에는 KDB 산업은행에서 본점 부산 이전을 앞두고 무려 76명의 직원이 퇴사를 선택했습니다. 이처럼 본사가 지방으로 이전하는 예가 대표적이지만, 개인을 타지로 인사발령 처리하는 사례들도 해당됩니다.

취업준비생 때는 '취업만 시켜주시면 어디든 갈 수 있습니다!'라는 마음가짐으로 임하지만, 막상 타지 근무 기간이 길어지면 초심은 온데간데없고 퇴사 생각이 간절해집니다. 단순히 타지의 생활이 외로워서 같은 감정적인 문제가 아니라, 삶의 터전 자체를 옮기지 않는 이상 교통비와 주거비용 등이 부가적으로 발생하는 현실적인 문제를 마주하게 되기도 하니까요.

타지 근무 때문에 퇴사를 결심한 사람들은 타지 발령의 가능성이 아예 없는 기업에 최우선으로 지원할 겁니다. 이 요소를 잘 염두에 두어서 이직에 성공한다면 문제를 100% 해결할 수 있을 테니 공적 사유가 분명하네요.

맞춤형 체크리스트 작성

어때요. 하늘 위의 구름처럼 둥실둥실 떠다니던 생각들이 어느 정도 정리가 되나요? 이처럼 막연하게 생각했던 퇴사 사유를 텍스트로 마주하고, 분류하는 것만으로도 우리의 마음은 훨씬 깔끔하게 정리될 수 있습니다. 사람마다 퇴사를 고민하는 이유도 다르고, 처한 환경도 다르기 때문에 체크리스트에 채워질 키워드도 각양각색일 겁니다. 막막하시다면 아래의 순서대로 따라 해보세요.

1. 먼저 퇴사를 고민하는 사유들을 나열해 봅니다.
2. 공적 사유와 사적 사유를 분류해서 나누어 봅니다.
3. 주된 퇴사 사유를 체크합니다.
4. 공적 사유와 사적 사유 중 어느 쪽의 비중이 큰지 비교해 봅니다.

보고서를 쓰는 게 아니잖아요. 내 생각을 정리할 수 있는 방법이라면 단어도, 문장도 모두 좋습니다. 퇴사 생각, 이직 생각이 간절할

때마다 공적 사유, 사적 사유를 나눠서 적어보세요. 분명 각자만의
퇴사 사유 체크리스트 속에 답이 숨어있을 거예요.

퇴사 사유 체크리스트

퇴사 사유

공적 사유	사적 사유
☐ 연봉	☐ 동료와의 관계
☐	☐
☐	☐
☐	☐
☐	☐
☐	☐
☐	☐
☐	☐
☐	☐
☐	☐
☐	☐
☐	☐
☐	☐
☐	☐
☐	☐
☐	☐

2—③
직장과 나를
분리하는 방법

반추사고의 원인이 '회사'라면?

혹시 '반추'라는 단어 들어 보신 적 있으신가요? 반추란 소나 염소 같은 포유류들이 한번 삼킨 먹이를 다시 게워 내어 씹는 걸 말하는데요. 여기에서 확장된 용어가 바로 '반추사고'입니다. 반복적으로 같은 일이나 현상을 곱씹어서 생각하고 이를 통해 부정적인 공상을 하게 되는 것을 뜻하죠.

　우리가 출근 전에, 퇴근 후에 직장에 관련된 생각을 하면서 스트레스를 받는 모습과 유사하지 않나요? 맞아요. 반추사고의 대표적인 사례 중 하나인데요. 어쩌면 직장인 괴담이 될 수도 있는 무시무

**퇴사는 괜찮아,
방법이 문제지**

시한 얘기 하나 해드리자면, '반추사고'는 단지 스트레스를 받는 것에서 그치지 않습니다. 심리학 전문가들은 '반추사고'가 지속해서 반복될 시 뇌가 피로를 쉽게 느끼게 되고, 심지어는 뇌의 기능이 정지될 수도 있다고 얘기합니다. 즉 일로 인한 스트레스라고 간과할 일이 아니라는 거죠. 반추사고의 정도가 심각해질 시에는 신체적으로 심혈관계 질환까지도 일어날 수 있기 때문에 절대 가벼이 여길 일이 아닙니다.

우리가 고통받는 근본적인 내면을 들여다보고 개선하지 못한다면, 다른 곳에서 직장 생활을 시작한다고 해도 결국 반추사고로 인해 문제는 똑같이 발생할 확률이 높습니다. 그런 의미에서 회사와 나 사이의 적당한 거리두기를 통해 건강한 직장 생활을 할 수 있는 현실적인 방법들을 몇 가지 소개할게요.

직장과 나를 분리하는 마인드셋

하나. 퇴근 루틴. 보통 퇴근을 30분 정도 앞두고 어떤 일을 하시나요? 업무 보고? 서류 정리? 각자의 직종에 따라서 그 모습은 천차만별일 텐데요. 여기서 중요한 것은 '퇴근 루틴'의 유무입니다.

우리의 뇌는 생각보다 단순해서 특정 시간대에 특정 행동을 반복하면, 특정 행동을 하는 순간 '아! 특정 시간대가 됐구나!'라고 인지

한다고 해요. 먹이를 줄 때마다 종소리를 들려주고 이를 인지시키면, 종소리가 들리는 순간 먹이를 떠올리며 침을 흘리는 파블로프의 개처럼 말이죠.

여러분만의 퇴근 루틴을 만들고 최소 2주 이상 반복해 보세요. 사무실에서 사용한 컵을 설거지하거나, 업무 중 생긴 불필요한 문서를 파쇄하는 것 등, 그 어떤 것도 좋습니다. 어느 날 문득 설거지하는 순간부터 마음이 편안해지고 입가에 미소를 머금고 있는 나를 발견하게 될 겁니다. 우리의 뇌가 드디어 퇴근 시간이라는 걸 제대로 인지한 거죠.

단, 이 퇴근 루틴을 실행했다면 뒤도 돌아보지 말고 퇴근합시다. 퇴근 루틴을 실천하고 나서도 업무를 지속한다면 이 루틴은 무의미해지겠죠. "퇴근합시다"라고 누군가 외쳐줘야 퇴근을 하는 수동적인 분위기에서 차츰차츰 벗어나는 것은 건강한 직장생활의 시작이 될 수 있습니다.

둘. 스몰 윈스 Small Wins. 스몰 윈스는 심리학 용어로 '작은 성취'라고 볼 수 있는데요. 이는 퇴근 후 우리를 괴롭히는 불확실한 기억을 없애는 데에 큰 도움을 줄 수 있습니다. '그 업무를 내가 처리했던가?' '그거 마감 기한이 오늘이었나?' 같은 기억들 말이죠.

매일 아침 출근하자마자 업무 투두리스트To Do List를 작성하고,

이를 체크해 가면서 업무를 처리하는 것은 이미 많은 분이 실천하고 계시죠? 여기에 한 가지 더. 퇴근 전에 빠르고 간단한 업무를 하나라도 완료해 보세요. 작지만 확실한 성취감을 느낄 수 있기 때문에 하루 업무에 대한 만족감이 크게 올라가게 됩니다. 예를 들어 관련 부서에 서류를 전달하거나, 메일에 답을 하는 등 큰 시간을 들이지 않아도 처리할 수 있는 업무들이 이에 해당하겠죠.

틈틈이 체크했던 업무 투두리스트 덕분에 업무를 빠뜨리는 일도 없고 확실한 만족감도 챙겼으니, 그다음 날의 일과까지 선명하게 그릴 수 있게 됩니다. 더 이상 걱정으로 잠 못 이루는 일은 없어질 거예요.

셋. 퇴근 후 대화 환기. "오늘 나 회사에서 말이야~" 어디선가 많이 들어본 대화 내용이죠? 특히 퇴근 후에 나누는 대화일 겁니다. 여기서 문제는 바로 대화의 주제입니다. 우리는 온종일 직장에서 힘들었던 일과 스트레스의 원인을 퇴근 후에 대화로 풀려고 합니다. 주로 긍정적인 대화보다는 부정적인 대화가 만연하죠.

퇴근 후에 직장과 온전히 멀어지기 위해서는 대화 내용 역시 환기가 필요합니다. 퇴근 후 대화에서는 직장 내의 이야기를 삼가는 연습이 필요하겠죠. 지인들에게 직장이나 커리어에 대한 조언을 구하는 상황이라면 얘기가 달라지겠지만, 단순히 '직장에서 내가 얼마나 힘들었느냐면! 내 스트레스가 얼마나 크냐면!' 이러한 주제로 대화를 이끌어가는 것은 퇴근 후에도 직장에 있는 듯한 착각을 들게 하니까요.

도돌이표처럼 반복되는 무의미한 넋두리나 뒷담화보다는 서로의 마음을 보듬어줄 수 있는, 발전시킬 수 있는 대화를 나눠 봅시다. 때로는 소소한 대화에서 나를 변화시킬 동기부여를 얻기도 한답니다.

직장과 거리두기를 위한 행동

하나. 작업복 만들기. 현장직이나 서비스업이 아닌 이상 작업복이 따로 없는 경우가 대부분이죠. 회사가 지급하지 않는다면 우리가 만들면 됩니다! 여러분만의 작업복을 만들어보세요. 겨울에는 사무실에서 입는 패딩 조끼, 여름에는 편하게 신을 수 있는 슬리퍼. 업무 중에 입는 옷으로 인식될 수 있는 것이라면 그 어떤 것이든 좋습니다.

작업복을 지정하는 목적은 '업무가 끝났다!'라는 것을 행동으로 나타내기 위함입니다. 업무를 하는 동안 입고 있던 패딩 조끼를 벗고, 신발을 갈아 신는 행위를 함으로써 우선 스스로 업무가 끝났다는 것을 상기시킬 수 있습니다. 여기에 하나 더! 주변에 있는 사람들에게도 '저는 이제 업무를 끝냈습니다!'라는 것을 알릴 수 있죠.

시각적으로 보이는 효과는 의외로 강력합니다. 작업복으로 입고 있던 조끼를 벗고, 코트로 갈아입는 상황에서 "손대리! 이것 좀 처리하지"라고 업무 지시를 내릴 수 있는 분, 과연 몇이나 될까요.

둘. 스마트폰 알람 끄기. 퇴근 후에도 회사와 멀어질 수 없는 주된 요인, 바로 스마트폰이죠. 시도 때도 없이 전화벨이 울리고, 메신저가 끊이지 않으니 도무지 퇴근한 건지 연장 근무를 하는 건지 알 수가 없습니다. 심지어는 달콤한 잠을 청하다가도 '카톡!' 메신저가 울려서 잠이 깨는 경우도 적지 않죠.

방해금지 모드를 활용하세요. 방해금지 모드를 설정해두면 스마트폰에서 설정해 둔 시간대에는 전화나 메신저가 와도 알림이 울리지 않습니다. 특히! 사회초년생들은 퇴근 후, 직장 동료나 상사로부터 온 연락에 어떻게 대응해야 할지 몰라 난감한 경우가 많을 텐데요. 정말 급한 일이라면 명확하게 업무에 관해서 내용을 기재하여 연락이 올 겁니다. 메신저 상태 메시지에 '급한 일은 전화로'와 같이 명확한 의사표시를 해둬도 좋겠죠.

셋. 업무 공간 분리하기. 코로나 시국이 되면서 재택근무를 하는 경우도 많아졌고, 프리랜서들 역시 외부 활동에 제한이 생기면서 업무 공간과 휴식 공간의 경계가 무너졌습니다. 이로 인해 집에서도 온전한 휴식을 취할 수 없어 피로감을 토로하는 직장인들이 대단히 많아졌는데요. 이런 현상을 통해서 우리는 업무 공간을 분리하는 것이 직장과 나의 거리두기에 얼마나 결정적인 역할을 하는지 알 수 있습니다.

이에 따라 절대 지켜야 할 행동! 업무 공간과 휴식 공간 분리하기! 우선 집으로 업무를 갖고 오는 행위 자체를 지양하는 것이 좋습니다. 하지만 피치 못할 경우도 있죠. 이런 상황에서는 집에서도 업무 공간을 지정해두는 것을 권장해 드립니다. 업무와 휴식 공간의 경계를 명확하게 하는 겁니다. 나만의 휴식 공간을 지키는 것이 여러분의 멘탈을 지키는 방법이라는 것 기억해 주세요.

번아웃을 벗어나는
현실적인 방법

부정할 수 없는 과로 사회의 현실

경제협력개발기구 OECD에 따르면 한국인은 직장에서 매일 약 7.8
시간을 보낸다고 합니다. 2021년 기준 우리나라의 연간 근로시간
은 약 1,928시간으로 OECD 평균치인 1,500시간을 압도하는 그야
말로 과로 사회였는데요. 일과 휴식의 경계가 흐려지면서 피로감도
덩달아 높아졌죠. 이에 따라 '번아웃'이라는 단어는 일상에서도 빈
번하게 들을 수 있는 단어가 됐습니다. 사실 번아웃은 공식적인 정
신질환으로 분류되지는 않지만 '건강 상태에 영향을 미칠 수 있는
인자'로 평가됩니다. 질환으로 가는 길목에 있는 수준으로는 인정

할 정도라는 겁니다. 매년 건강검진을 받을 때마다 "스트레스 받지 마시고요" 식의 쌀로 밥 짓는 것 같은 조언을 듣잖아요. 번아웃 역시 애초에 겪지 않는 것이 건강에는 제일 좋겠죠?

번아웃은 특정 직종이나 특수한 상황에 놓여있는 사람들에게만 선별적으로 보이는 증상이 아니죠. 누구에게나 찾아올 수 있고, 특히 직장인이라면 빈번하게 마주하는 달갑지 않은 존재입니다. 그런데 그중에서도 MZ세대가 유독 번아웃으로 힘들어하고 있다는 통계가 꽤 많습니다. 일례로 동아일보가 2022년에 진행한 설문조사 데이터를 보면 1천여 명의 응답자 중 약 35% 정도가 '번아웃 증후군을 경험한 적이 있다'고 답했고 특히 20·30인 MZ세대는 약 44%가 번아웃을 경험했다고 합니다. 다른 세대보다 피로감이 심한 상태임을 보여줍니다.

그런데 여기서 우리는 물음표 하나를 떠올리게 됩니다. 번아웃은 과연 회사 때문일까요? 수많은 직장인이 퇴사 사유로 번아웃을 꼽곤 하죠. 하지만 우리는 이 문제를 한 발짝 물러나서 조금 더 큰 그림으로 바라볼 필요가 있습니다. 자칫 내가 지쳐있는 이유가 회사가 아닌데도 불구하고, 퇴사만 하면 이 모든 피로감이 사라질 거라는 이분법적인 사고로 퇴사 결정을 내리게 되는 불상사가 생길 수도 있으니까 말이죠.

회사 권태기와 번아웃, 그 사이 어딘가

더 근본적으로 문제를 들여다보면, 우리는 '회사 권태기'를 번아웃이라고 착각하는 것일지도 모르겠습니다. 연인 사이에 권태기가 있듯이 회사와 구성원 사이에도 권태기가 있는데요. 연인 사이를 예로 들면, 괜히 우리의 관계를 한 번쯤 의심해보면서 온전히 탄탄한 사이라는 것을 확인하고 싶을 때가 있잖아요.

근로계약서라는 종이 한 장으로 맺은 사이일지라도 회사와 나 역시 사회적으로 약속한 일정 관계를 유지하고 있죠. 이 회사가 나에게 어떤 의미인지, 앞으로도 회사와 나의 관계를 유지해도 괜찮을지, 그리고 나의 소중한 일상을 이곳에 풀어놓아도 될 지 확인해보고 가려는 것이 바로 회사 권태기입니다.

권태기를 잘 극복한 연인 사이는 더 돈독해지고 애정이 깊어집니다. 회사 권태기 역시 잘만 극복하면 회사와 내 일에 대한 애정도가 더 올라가고, 깊은 주인 의식을 바탕으로 업무에 임하게 될 수 있습니다. 하지만 권태기를 기점으로 헤어지는 연인이 적지 않은 것처럼 회사 권태기를 이겨내지 못하면 퇴사까지도 이어질 수 있는 거죠.

회사 권태기와 스트레스로 인한 번아웃은 성질이 다릅니다. 연인 사이가 지속될 수 있을지 관계를 점검해보는 것과 지친 심신으로 인해서 데이트마저 버겁게 느껴지는 상태가 다른 문제인 것처럼요.

우리의 마음을 지치게 한다는 것에서는 결이 같지만, 원인은 전혀 다르다는 것을 알아차려야 합니다.

직장인의 스트레스 관리 방법

번아웃의 원인인 스트레스는 현대사회를 살아가는 누구나 조금씩은 안고 있는 문제인데요. 심지어 어린아이들조차 예외는 아니라고 하죠. 심리학에서는 스트레스를 단기적으로 '해소'하는 것이 아니라 장기적으로 '관리'해야 하는 대상으로 본다고 합니다. 사람과 늘 함께하는 존재, 애증의 스트레스! 그중에서도 직장 생활 스트레스를 관리할 방법 세 가지를 공유합니다.

하나. 의미 있는 일을 찾자. 의미 있는 일은 심리적 자원이기도 합니다. 내가 한 회사의 일원으로서 의미 있는 기여를 하고 있다는 사실을 인지하는 순간부터 긍정적인 에너지가 발산되고 스트레스 지수가 낮아진다는 건데요. 표면적으로 업무 분장표에 기재돼 있는 단어 말고, 실제로 내가 회사에 미치고 있는 영향력은 어느 정도인지, 내가 이 조직의 어떤 부분에서 두각을 드러내는지 정리해보는 것이 크게 도움이 될 것입니다.

가령 평소와 다르지 않은 엑셀 파일 정리를 하고 있더라도, 내가 하는 일이 궁극적으로 회사에 어떤 영향을 미치는지를 깨닫는 순간에 스트레스를 훨씬 적게 받고 오히려 보람을 느끼게 되는 거죠.

둘. 능력의 한계를 파악하자. 우리는 만능이 아닙니다. 사람은 누구나 한계가 있죠. 그런데 일을 하다 보면 나도 모르게 '완벽하게' 일을 해내려는 강박을 갖게 되는 경우가 있습니다. 팀장님의 크흠, 헛기침 소리 한 번에 '내 보고서 때문은 아닐까' '조금 더 잘할 수 있었는데'와 같은 아쉬움을 느끼곤 하는 것이 우리 직장인들입니다.

회사에서 내가 할 수 있는 일과 할 수 없는 일의 경계를 파악하고 인정하는 것도 스트레스를 줄여주는 좋은 방법이라고 합니다. 우리가 어떻게 다 잘할 수 있겠어요? 오히려 내가 잘하는 업무와 부족한 업무를 명확하게 파악하는 것이, 특장점이 될 수 있는 분야에서 두각을 드러내는 발판이 될 수 있답니다.

셋. 휴식 시간을 확보하자. 심리학에서 휴식은 단순하게 쉬는 것 그 이상을 의미합니다. 친구를 만나거나 자연 속에서 시간을 보내는 것은 개인적인 목표를 달성하는 활동의 일환이고, 이 활동이 결국 우리에게 다시 활력을 줄 수 있기 때문입니다. 우리 현대인들, 휴식에는 정말 인색하잖아요? 어쩌면 회사에서 자꾸만 벗어나고 싶은 생각이 드는 이유는 '이제는 좀 쉬고 싶다'라는 몸의 신호일 수도 있습니다.

일상에서도 휴식을 잘 취해준다면 스트레스로 인한 번아웃, 나와는 먼 얘기가 될 겁니다. 적당한 휴식으로 이완된 몸과 마음은 회사에서의 업무 효율성까지 올려주며 건강한 선순환이 만들어질 테니까요.

퇴사는 만병통치약이 아닙니다. 당장은 회사를 탈출하면 회사 권태기와 번아웃은 물론이고 모든 근심과 걱정이 다 씻은 듯이 사라질 거라고 생각하겠지만, 진정한 해결책이 아닙니다. 우선 우리가 할 수 있는 것들에 온 힘을 다 쏟은 다음에, 그때 그만둬도 늦지 않습니다. 현재의 울타리 안에서 나 자신을 돌보기 위해 할 수 있는 일은 뭐가 있을지를 먼저 고민해보자는 거죠.

시장에서 나의 업무역량 팔기

업무역량을 사고파는 시장

'나의 업무 역량을 시장에 내놓는다'라고 생각해보신 적 있으신가요. 그게 무슨 상품이 되냐고요? 상품, 됩니다. 이제는 그 어떤 것도 사고팔 수 있는 시대입니다. 여러분의 업무 능력 역시 상품 가치가 충분하고요.

궁금하지 않으신가요. 일상에서 반복적으로 수행하고 있는 나의 업무역량이 어떻게 상품이 될 수 있다는 건지, 대체 누가 사려고 할지, 업무역량을 도마 위에 올려서 내가 얻을 수 있는 것은 무엇인지, 궁극적으로 퇴사와 업무역량을 판매하는 것이 무슨 상관관계가 있는지 말이죠.

먼저 업무역량을 시장에 내놓는다는 개념부터 한번 짚고 갈까요. 업무역량이 생선이나 고기도 아니고, 무형의 능력인데 어떻게 사고 판다는 건지 물음표가 가득하실 텐데요. 최근에는 능력을 사고파는 시장이 실로 다양한 형태로 활성화되고 있습니다.

하나. 재능기부 플랫폼. 크몽, 숨고, 탈잉 등 재능기부 플랫폼의 영역이 점차 확대되고 있습니다. '기부'라는 단어가 들어가 있지만 각자의 재능을 사고파는 시장이라고 보면 되는데요. 컴퓨터 프로그래머, 서류 정리 전문가, 엑셀 고수 등 각양각색의 재능과 업무역량을 갖춘 사람들이 자신의 역량을 시장에 내놓고 판매를 기다리고 있습니다.

이러한 재능기부 플랫폼의 강점은 접근성이 좋다는 겁니다. 본인인증을 하고, 내가 상품화하고자 하는 업무역량과 판매자인 자신에 대한 소개 글을 작성하면 거의 다 한 것이나 마찬가지입니다. 이제 판매되길 기다리면 되죠!

재능 기부로 무상 거래를 하는 경우도 있는데요. 이 경우는 상호가 재능을 공유하여 시너지를 만들어내는 프로젝트성 작업을 함께하기 위함이거나, 단순히 '내가 회사 밖에서도 인정받을 수 있구나!' '내 업무역량이 이런 분야에서도 활용될 수 있구나!'를 느끼며 자존감을 향상시키는 목적으로 진행됩니다. 실제로 많은 현업 직장인이 '무쓸모의 쓸모를 느꼈다!'고 말할 만큼 삶의 활력을 찾았다고 하네요.

이러한 플랫폼에서 나의 업무역량이 활발하게 판매되고, 그러한 활동 이력이 쌓이면 비즈니스 제안을 받기도 합니다. 해당 분야의 전문 강사로서 출강 의뢰를 받는 등 예상치 못한 기회가 생길지도 모르니 일단 도전해보는 것도 나쁘지 않겠죠?

둘. 전자책. 글쓰기가 뛰어나다면 PDF로 전자책을 제작하여 판매 플랫폼에 올리는 것도 하나의 방법입니다. 이제는 누구나 책을 쓸 수 있기 때문이죠. 전자책 시장은 지난 2020년부터 급속도로 부상했고 앞으로도 그 시장은 더욱 크게 발전될 것으로 예상됩니다.

이따금 이런 생각해보신 적 없으신가요? '회사 매뉴얼 너무 엉망이야! 내가 만들어도 이것보단 잘 만들겠다!' '직무 관련 교육이 너무 부실해. 좀더 전문적인 비즈니스 팁이 정리돼 있다면 얼마나 좋을까?' 서당개 3년이면 풍월을 읊는다고 하는데, 우리 직장인들도 매일같이 반복하는 일에 대해서 얼마나 깊은 전문성과 신박한 혜안이 축적돼 있겠어요. 이러한 전문적인 업무역량과 비즈니스 팁을 전자책으로 세상에 내놓으면 됩니다.

전자책 제작 역시 접근 장벽이 낮습니다. 내가 자신 있는 분야에 대해서 자유롭게 서술하고 정리해서 PDF로 만들면 끝이죠. 플랫폼마다 특성은 다르지만 금액 역시 자유롭게 결정할 수 있습니다. 나의 업무 지식을 정리한 전자책이 누군가에게 도움이 되는 것만으로도 행복하다? 무료! 무슨 소리야 이 정도 지식과 팁이면 이 정도는 받아야지! 5만 원! 나의 업무역량이, 비즈니스 지식이 시장에서 쓸모를 외치게 됩니다.

셋. 비즈니스 네트워크. 업무역량을 시장에 내놓기 위해서는 시장에 나와 있는 경험자들을 만나는 것만큼 좋은 방법이 또 없겠죠. 비즈니스 네트워크가 잘 형성된 커뮤니티를 활용하면 유사한 업계의 사람들과 함께할 수 있습니다.

대표적으로 '로켓펀치'를 예로 들 수 있겠네요. 로켓펀치 플랫폼에 회원가입을 한 뒤에 나의 업무역량을 바탕으로 프로필을 작성하여 올리면, 비슷한 직군의 사람들과 소통할 수 있는 것은 물론 관련 비즈니스 제안도 자유롭게 받을 수 있습니다. MZ세대는 로켓펀치를 비롯한 다양한 비즈니스 커뮤니티를 새로운 기회로 보고, 이직의 창구로 활용하는 경우가 적지 않다고 해요.

특히 업무역량을 디벨롭시킬 수 있는 더없이 좋은 기회가 되겠죠. '우리 회사에서는 해당 직무에서 내가 최고라고 생각했는데' '이런 비즈니스에서는 A의 방법으로 문제를 해결하는 것이 정답이라고 여겼는데' 이렇게 정체된 사고방식을 와르르 부숴주는 새로운 환경을 마주할 수 있습니다.

업무역량을 팔아서 얻을 수 있는 것

하나. 나의 위치를 확인할 수 있다. "나 정도면 어디든 갈 수 있지!" 퇴사를 앞두고 자신의 앞날은 필히 화창한 꽃길일 것이라고 확신하는 사람들이 종종 있습니다. 자기 자신에 대해서 지나치게 확신이 없는 것도 문제지만, 이처럼 과도하게 자신감이 흘러넘치고 현실감이 부족한 것 역시 발목을 잡는 걸림돌이 될 수 있는데요. 퇴사전, 업무역량을 시장에 내놓는 것으로 이 말이 참일지 거짓일지 어렵지 않게 확인할 수 있습니다. 본인이 동일 및 유사 직군의 직업인 중 어느 정도의 위치인지를 가늠해볼 수 있는 기회인 셈이죠.

둘. 퇴사 여부를 결정할 수 있다. 시장에 자신의 역량을 상품으로 내놓은 뒤, 자신만만하게 목소리를 높였던 사람의 반응은 두 가지로 나뉠 겁니다. 자신이 계획한 커리어패스에 확신을 하고 퇴사를 앞당길 수도 있고요. 혹은 반대로 춥고 매서운 현실을 깨닫고 재직 중인 회사에 새삼 감사하며 자기계발의 필요성을 느낄 수도 있을 겁니다.

물론 직업과 직무가 무엇이냐에 따라서 시장에 업무역량을 오픈하여 내놓거나 판매하기 어려운 경우도 있습니다. 하지만 다른 이들에게 나의 업무역량을 보여주기 위해서 준비하는 과정만으로도 훌륭한 배움이 될 수 있어요. 퇴사 여부를 결정하는 기회뿐만 아니라 업무역량을 더 발전시켜야겠다는 의지를 불태우는 전환점이 될 수도 있으니까요.

셋. 짭짤한 부수입이 될 수 있다. 무시할 수 없는 부분이죠? 나의 업무역량을 테스트함과 동시에 지갑까지 두툼해진다면 일거양득인 셈입니다. 실제로 많은 직장인이 업무역량을 상품화해서 쏠쏠한 부수입을 얻고 있는데요. 그렇게 얻은 수입으로 자기계발에 투자한다면 업무역량을 더욱 발전시킬 수 있으니, 당장 퇴사하지 않더라도 미래를 더 탄탄하게 대비할 수 있습니다.

저도 한 때는 "나를 디벨롭시키기 위해서는 퇴사와 이직만이 답이다!"라고 여겼습니다. 하지만 지금 내가 손에 쥐고 있는 것을 놓지 않으면서 또 다른 만족감을 얻을 방법은 얼마든지 있더라고요. 좀더 영리하게 나를 발전시킬 수 있는 방법을 찾아보시길 바랍니다.

퇴사는 괜찮아,
방법이 문제지

2—⑥
직장인의 오아시스,
부수입

하나둘씩 뒷주머니를 차는 직장인

한 취업 포털사이트의 조사에 따르면 대한민국 직장인 10명 중 8명은 "부수입을 얻고 싶다"라고 응답했고, 이 8명 중 5명은 실제로 부수입을 얻고 있다고 합니다. 즉 직장인 중 절반은 지금 부수입을 얻고 있다는 말이 되겠죠. 그야말로 부수입이 필수인 시대가 됐습니다.

MZ세대 이전의 부수입은 주로 '투잡'이라고 불리며 퇴근 후의 대리운전, 주말을 활용한 파트타임 근무 등 그 형태가 비교적 단순했습니다. 하지만 최근의 부수입은 수입뿐만 아니라 또 다른 나, 제2

의 페르소나라고 불리는 부캐를 형성하는 것과도 밀접한 관련이 있습니다.

유야호, 지미유, 유산슬, 유두래곤, 카놀라유. 이 단어들의 공통점은 무엇일까요? 네, 맞습니다. 국민 MC 유재석씨의 부캐들이죠. 요즘은 부캐 없는 사람이 없다고 할 정도로 저마다 또 다른 자아를 실현하며 부수입을 벌고 자기 만족감도 크게 올린다고 합니다. 여러분도 부캐가 있으신가요? 든든한 부캐 하나! 열 직장 안 부럽다! 지금도 늦지 않았어요. 부캐를 만들고 부수입을 얻어보세요. 유재석씨처럼 유명한 연예인이 아니더라도 누구나 부캐를 만들어서 궁극적으로 삶의 질도 높이고 당장 현실에 보탬이 되는 부수입도 얻을 수 있습니다.

직장인이 부수입을 얻어야 하는 이유

가뭄의 단비처럼 성취감과 기쁨을 주기도 하는 직장. 하지만 반대로 불만과 스트레스를 우리에게 안겨주는 날도 적지 않습니다. 이때 우리를 더 힘들게 하는 것이 있으니! 바로 경제의존도! 회사에서 지급되는 급여가 우리의 가계 경제를 책임지고 있으니 나에게 마이너스가 되는 요소가 있다고 해도 적극적으로 대응하지 못하고 그 상황을 참고 또 참게 되는 건데요.

퇴사는 괜찮아,
방법이 문제지

고정적인 급여 외에 부수입이 있다는 것만으로도 급여에 대한 경제의존도가 비교적 낮아지기 때문에 반대급부로 회사를 바라보는 시각이 긍정적으로 변화하는 효과까지 누릴 수 있습니다. 실제 N잡러로 살아가는 이들 대부분이 오히려 본업에 더 만족하게 됐다는 반응을 보이고 있답니다.

또 사람 일은 모르는 거잖아요? 부업으로 시작한 일이 자기계발로 이어져서 이직이나 창업을 할 수도 있겠죠. 의미 없는 경험은 존재하지 않는다는 건 불변의 법칙이니까요. 많은 직장인이 실제로 실천하고 있는 부수입 몇 가지를 정리해 볼게요.

하나. 블로그와 쿠팡 파트너스. 포털사이트에 '직장인 부수입'이라고 검색하면 가장 많이 언급되는 것이 바로 '블로그'입니다. 블로그 활동을 열심히 해서 게시글 조회수를 올리면 블로그 자체로 수익을 얻을 수 있고, 협찬을 통해서 추가적인 수입을 얻기도 하는 건데요. 직장인들이 가장 쉽게 접근할 수 있는 부수입 방법입니다. 그런데 여기에 하나 더! 쿠팡 파트너스를 함께 활용한다면 부수입을 훨씬 크게 얻을 수 있습니다.

예를 들어 블로그에 마스크 스트랩을 하나 소개했다고 해보죠. 수입은 블로그 게시글 조회수로 인한 수익이 대표적일 것이고, 만약 마스크 스트랩이 협찬이라면 협찬 광고 비용까지 얻을 수 있겠죠.

이때 쿠팡 파트너스로서 이 마스크 스트랩을 살 수 있는 링크를 걸어두고, 방문자가 해당 링크를 통해 구매까지 한다면 판매 금액의 일부를 수입으로 얻을 수 있습니다.

최근에는 쿠팡 파트너스 뿐만 아니라, 본인이 소개한 제품이 판매됐을 때 수익을 배분받을 수 있는 서비스가 점점 늘어나고 있어서 직장인들의 대표 부수입으로 입소문을 타고 있습니다. 퇴근 후 게시글 하나씩 업로드 어떠세요?

둘. 취미 클래스 운영. '주말 네트백 만들기 클래스' '퇴근 후 그립톡 제작 클래스' '경제 신문 쉽게 읽는 스터디' 등 직장인 중심 클래스 및 스터디가 점점 많아지고 있습니다. 이때 운영자나 호스트가 되면 취미가 부수입의 창구도 될 수 있어요.

클래스 및 스터디를 이끌어가는 운영자에는 별도 제한이 없기 때문에, 본인이 해당 클래스를 이끌어갈 수만 있다면 누구나 개설할 수 있습니다. 한때는 클래스의 수강생이었던 직장인이 시간이 지나서 클래스를 운영하는 사례도 있다고 합니다.

실제 저의 지인 중 한 분은 일반 직장인이지만 주말에는 '양모펠트 공예 클래스'를 운영하고 있는데요. 평소 손재주가 좋다는 소리를 많이 듣기도 했고, 본인 역시 다양한 작품들을 재미있게 만들다가 직접 클래스까지 운영하게 된 거죠. 운영 후기는 "용돈벌이는 충분히 된다!"였습니다. 그뿐만 아니라 직장인으로의 본캐 외에 클래스를 이끌어가는 강사로서의 부캐를 얻은 것 같아 자존감 향상에도 큰 도움이 됐다고 하더군요.

주머니를 조금 더 두둑하게 하는 목적도 있겠지만, 그 과정에서 만족감까지 얻을 수 있다면 너무나도 좋겠죠. 여러분도 부수입을 챙길 수 있는 부캐를 찾아보시길 추천해요.

셋. 설문조사 참여. 이것은 부캐는 부담스럽고 부수입은 필요로 하는 분들에게 추천해 드리는 방법입니다. 포털사이트에 '설문조사 사이트'라고만 검색하셔도 여러 플랫폼을 찾아보실 수 있는데요. 본인이 원하는 설문조사를 선택하고 모든 질문에 응답하면 포인트를 받을 수 있는 방식이며, 누적된 포인트를 현금으로 전환하는 것도 간단합니다.

본인이 관심 있는 분야의 설문조사에 참여한다면 쏠쏠한 부수입을 얻음과 동시에 그 과정에서 소소한 재미도 느낄 수 있겠죠? 특히 출퇴근 시간을 활용하기에 안성맞춤인 부업 같습니다.

이외에도 최근에는 배달 라이더, 스마트 스토어 운영, 재능기부 등의 방법으로 직장인들의 부업이 활발하게 이뤄지고 있는데요. 시간을 따로 내서 무엇인가를 하는 것도 물론 좋지만, 틈틈이 실천할 수 있는 방법들도 많아요. 짠테크 앱으로 매일 출석 체크를 하고, 금리가 높은 특판 적금을 활용하여 자금을 모으고, 틈틈이 공부한 지식을 바탕으로 주식 투자를 하는 등 크고 작은 금융 수익을 얻는 방법도 훌륭한 부수입이라는 것 놓치지 마세요.

부수입을 얻을 때 주의해야 할 것

직장인에게 부수입은 만족도를 높이고 주머니를 두둑하게 할 수 있다는 점에서 굉장히 매력적이지만, 한편 주의해야 할 점도 있습니다. 크게 근로 규정과 세금, 두 가지인데요.

하나. 근로 규정. 기업으로서는 소속 직원들의 N잡러 활동이 달갑지 않을 수 있습니다. 그래서 근로계약서나 취업규칙에 겸업 금지를 명시하거나 허용하더라도 사전 허가를 받아야 하는 경우가 많습니다. 이를 어길 시에는 징계를 내리기도 하고요.

사회적 시각도 아직은 분분한 상황입니다. 직업 선택의 자유와 직업윤리 준수 사이에서 팽팽한 줄다리기가 이어지고 있는 건데요. 실제로 '업무에 지장이 없는 겸직까지 전면적으로, 포괄적으로 금지하는 것은 부당하다'라는 대법원의 판례도 나왔지만, 분명한 건 온전히 긍정적인 시선만 존재하는 것은 아니라는 겁니다.

퇴사는 괜찮아,
방법이 문제지

따라서 부수입을 만들고 부캐를 형성하는 과정에 앞서 현재 속해 있는 회사의 근로 규칙에 어긋나는 요소가 있는지는 꼼꼼하게 확인해 보아야 합니다. 근로계약서에서 겸업을 금지할 때는 겸업 일체를 금지하는 사례도 있고, 유사 업종에 대해서만 금지하는 경우도 있는데요. 사례가 각양각색이라서 내부규정을 꼼꼼하게 확인하는 방법밖에 없습니다.

다행히도 최근에는 회사에 미리 양해를 구하면 부수입 창출에 대해서 별도의 제한을 두지 않는 경우가 늘고 있다고 해요. 하루빨리 보다 자유로운 문화가 확산되었으면 좋겠습니다.

둘. 세금 신고. 회사에 재직하면서 얻는 수입, 즉 근로소득 외에 또 다른 소득이 생겼다면 응당 이에 대해서 세금 신고를 해야 합니다. 근로자들은 매년 1월 혹은 2월에 회사에서 일괄적으로 연말정산 전산처리를 하게 됩니다. 1년 동안의 소득에 대해서 세금을 더 내야 할지 혹은 다시 돌려받아야 할지를 결정하게 되는 과정이죠.

부수입 역시 예외는 없습니다. 스마트 스토어, 블로그, 취미 클래스 등 다양한 경로를 통해서 쏠쏠한 부수입을 얻었다면 이 소득에 대한 세금을 신고해야 합니다. '이 정도 금액은 적고 귀여우니까 스리슬쩍 넘어가도 괜찮겠지?' 아니요. 괜찮지 않습니다. 국세청에서는 우리의 소득을 빠짐없이 파악하고 있어서, '나 하나쯤이야' 같은 생각으로 세금 신고를 회피하다가 오히려 가산세를 내야 하는 불상사가 일어날 수 있습니다.

특정 기업에 속하여 부수입을 얻은 것이 아니라면 소득의 형태는 사업소득 혹은 기타소득일 텐데요. 근로소득 외에 모든 소득은 매년 5월 1일부터 말일까지 진행되는 종합소득세 신고 기간에 처리할 수 있습니다. 홈택스 홈페이지에서 간단하게 할 수 있으니 걱정하실 것은 없고요. 혹시 신고 과정이 헷갈리신다면 국세청 콜센터 126번으로 전화하세요. 각 세무 전문가들께서 친절한 상담을 통해 도와주실 테니 주저하지 않아도 됩니다.

팁을 하나 더 드릴게요. 부수입의 규모가 크지 않다면 세금을 환급받을 확률이 더 높습니다! 종합소득세 신고를 활용해서 작고 귀여운 부수입에서 야금야금 떼어졌던 세금을 돌려받는다고 생각해보세요. 부수입의 부수입이 생기는 셈입니다. 신고하지 않을 이유가 없겠죠?

퇴사에도 '정답'은 있다

퇴사에도 타이밍은 존재한다

퇴사 결심, 새로운 미션의 시작

어렵사리 퇴사를 결심했다고 해도 거기서 끝이 아니죠. 우리에게 던져지는 몇 가지의 미션이 있습니다. '언제, 어떻게 그만둘 것인가.' 이미 마음을 굳힌 이상 하루라도 빨리 이 지긋지긋한 회사에서 떠나고 싶겠지만, 현실은 드라마나 영화와 다릅니다. 가슴 속에 품고 있던 사표를 상사 얼굴에 집어 던지고 곧장 문을 박차고 나간다거나, 책상 위에 '그동안 감사했습니다.' 쪽지 한 장 버젓이 올려두고 돌연 사라지는 건 절대 따라해서는 안 될 일이죠. 상상만 했을 뿐인데 식은땀이 나는 것 같네요.

그렇다면 하나씩 짚어볼게요. 먼저 시기! 언제 그만두는 것이 최선일까요? 이때 우리의 머릿속을 스치고 가는 날짜가 하나 있을 겁니다. 한 달! "퇴사하기 한 달 전에는 얘기해야 한다던데? 안 그러면 위법이래!" 과연 사실일까요.

정답은 '아니다'입니다. 직장인들 사이에 심심찮게 오가는 명백한 가짜 뉴스죠. 그런데 이 '한 달'이라는 기간이 아무런 근거 없이 나온 것은 아닙니다. 진실을 확인하기 위해서 관련 법 조항을 같이 살펴보겠습니다.

한 달 전 퇴사 통보의 진실

민법 제660조에서는 '기간의 약정이 없는 고용의 해지 통고'에 대해서 규정하고 있습니다.

제660조 1항. 고용 기간의 약정이 없는 때에는 당사자는 언제든지 계약 해지의 통고를 할 수 있다.
제660조 2항. 전항의 경우에는 상대방이 해지의 통고를 받은 날로부터 1월이 경과하면 해지의 효력이 생긴다.

근로자인 우리는 고용 관계에서 '당사자'죠. 이 조항에 따르면 근로자에게는 회사에 "저 그만두겠습니다!"라고 언제든지 통고할 수 있는 권리가 있는 것으로 보여집니다. 그런데 2항을 보니까 오히려 헷갈리는 것 같기도 한데요. 여기서 '1월이 경과하면'이라는 말은 누구에게 적용되는 걸까요? 근로기준법 제26조를 함께 보면 그 궁금증은 말끔하게 해소됩니다.

근로기준법 제26조에서는 '해고의 예고'에 대해서 규정하고 있습니다.

제26조. 사용자는 근로자를 해고(경영상 이유에 의한 해고를 포함한다)하려면 적어도 30일 전에 예고를 하여야 하고, 30일 전에 예고를 하지 아니하였을 때에는 30일분 이상의 통상임금을 지급하여야 한다.

만약 사측이 30일 전에 해고를 통보하지 않았을 경우에는 30일분 이상의 통상임금을 지급해야만 한다고 돼 있죠. 정리해볼게요. 민법 제660조와 근로기준법 제26조를 조합해본다면, 근로계약에서 당사자인 근로자, 우리는 언제든 사측에 퇴사 통보를 할 수 있습니다. 그리고 '30일'이라는 의무를 지켜야 하는 쪽은 근로자인 우리가 아니라 사용자인 회사라는 결론을 얻을 수 있죠. 하지만 법 조항을 접하는 것이 친숙하지 않은 탓에 직장인들 사이에서 '30일 전 퇴사 통보 의무'가 사실처럼 굳어져 왔던 겁니다.

잠깐만요! 그렇다고 지금 당장 부장님께 달려가서 "제가 이 책에서 봤는데요! 저 지금 당장 퇴사할게요!"라고 외치는 건 곤란합니다. 한 가지 더 살펴볼 것이 있으니, 바로 '회사 내규'. 사적 자치의 원칙을 바탕으로 법은 각 회사의 내부규정을 존중하고 있거든요.

따라서 내가 재직 중인 회사의 근로계약서에 특정 기간 전에는 퇴사 통고를 해야 한다고 기재돼 있다면, 이 기간은 반드시 지켜야 합니다. 특히 업무의 특성상 후임에게 인수인계를 통해서 전문적인 교육을 해야 하는 기업 혹은 직무에서는 사전에 기간 규정을 하는 경우가 적지 않습니다. 입사한 이후로 전혀 볼 일이 없던 근로계약서겠지만 마지막으로 한번 정독하면서, 퇴사 시 불이익이 될 만한 것은 없는지 꼼꼼하게 체크하는 것이 좋겠죠?

아름다운 뒷모습을 위한 마지막 배려

한 가지 확실한 건 근로기준법은 사측보다 근로자에게 유리한 방향으로 제정돼 있다는 겁니다. 다음에 나오는 근로기준법 제1조(목적)를 보면 확인할 수 있는데요.

이 법은 헌법에 따라 근로조건의 기준을 정함으로써 근로자의 기본적

생활을 보장, 향상시키며 균형 있는 국민 경제의 발전을 꾀하는 것을 목적으로 한다.

하지만 언제부터 사회생활이 사과를 반으로 가르듯 딱! 떨어지는 것이었던가요. 근로자인 우리가 '30일'이라는 의무를 이행할 필요는 없더라도 배려는 얼마든지 할 수 있는 거겠죠. 재직하는 동안 퇴사하는 다른 직원들을 본 기억이 있다면, 마지막 배려가 왜 필요한지 쉽게 이해할 수 있을 겁니다. 직원 한 명이 퇴사하는 순간 해당 직원이 담당하던 업무는 다른 직원들이 분담해야 하고, 급작스러운 변화는 누구에게나 당혹스럽기 마련입니다.

우리의 뒷모습이 아름다울 수 있도록 마지막 예의를 지켜 최소 한 달 전, 적어도 2주 전까지는 퇴사 통보를 하고 본인이 담당하고 있던 업무에 차질이 없도록 마무리하는 것이 좋습니다. 사직 관련 전산처리도 마무리하고, 인수인계도 차근차근하면서 나 자신도 이 회사와 이별 계도기간을 가지는 겁니다.

간혹 퇴사 통보를 한 후에 동료들을 어떻게 봐야 할지 모르겠다, 회사생활을 하는 것이 껄끄러울 것 같다고 걱정하는 분들도 있는데요. 평소처럼 행동하시면 됩니다. 아니, 오히려 더 잘 해내야죠. 지금까지 그래왔던 것처럼 마지막까지도 인자한 자본주의 페이스를 유지하는 것! 우리에게 주어진 마지막 미션입니다.

3 — ②
퇴사 전
YES or NO

전 직장의 상사가 추천사를 써준다면

혹시 영화 〈악마는 프라다를 입는다〉 보셨나요? 학창 시절에 이 영화를 봤을 때는 그저 화려한 패션업계의 모습에 눈이 즐거웠는데, 사회인이 되고 나서 이 영화를 다시 보고 정말 깜짝 놀랐습니다. 이 영화, 장르가 호러였던가요? 특히 퇴사를 앞둔 직장인이라면 더욱 섬뜩할 수도 있는 결말이었는데요.

영화 말미에 주인공인 앤 해서웨이는 유명 패션 잡지사의 비서를 관두고 기자가 되기 위해서 면접을 보러 갑니다. 그런데 그곳에서 깜짝 놀랄 만한 얘기를 듣죠. 면접관이 이전 직장인 잡지사에 자신에 관해서 물어봤다는 겁니다. 심지어 팩스로 상사에게 직접 다음과 같은 답을 받았고요.

"나에게 가장 큰 실망을 준 직원이었다.
하지만 그녀를 채용하지 않는다면 당신은 바보다."

업계의 최고 편집장이 추천을 뜻하는 회신을 보내오자 면접관은 "일을 제대로 했나 보군요"라고 합격을 암시하는 듯한 웃음을 보여줍니다. 합격하겠구나! 영화는 해피엔딩인 것처럼 보였지만, 등골이 오싹해진 느낌은 오래도록 가시질 않았습니다.

여기서 우리는 교훈을 얻을 수 있죠. 더럽고, 치사하지만 역시 마지막 모습까지도 아름다워야 하는구나! 어찌 보면 드라마와 영화가 퇴사 경험이 전무후무한 직장인들에게 잘못된 로망을 심어준 것 같기도 합니다. 그중에서는 현실에서 행동으로 옮겼다가는 범법 행위가 될 만한 것들도 있어서, 누군가 따라 하지는 않을까 마음이 조마조마하기도 하고요.

퇴사 전, 이것만은 하지 말아요

자, 우리 분명히 해둘게요. 퇴사는 재직하고 있는 회사를 떠나는 것이지 내가 있는 업계에 다시는 발을 들여놓지 않겠다고 선언하는 게 아닙니다. 우리가 몸담은 사회는 의외로 좁고, 하물며 동종업계는 말할 것도 없죠. '내가 퇴사만 하면…'이라고 빨간색 볼펜으로 퇴사 전 버킷리스트를 적어두고 있다면 잠시만 멈춰주세요. 일단 버킷리스트를 서랍 제일 구석진 자리에 넣어두고 문제가 될 만한 요소가 있는지 하나씩 살펴봐야 합니다.

하나. 컴퓨터 포맷. 한 번쯤 상상해봤을 법한 일이죠. 내가 하던 작업물을 몽땅 다 삭제하고 퇴사하는 일. '너희도 한번 당해 봐라!' 몇 번의 클릭으로 커다란 희열을 맛볼 수 있을 것 같지만, 희열 대신 형사 처벌을 받게 될지도 모릅니다. 회사의 업무를 방해하는 행위에 속하니까요. 심지어는 민사상 손해배상과 형사상 처벌이 모두 가능한 여지도 있습니다. 작업물을 삭제하고 퇴사해서 법적 조치를 받은 사례는 실제로 적지 않아요. 비슷한 예로 컴퓨터에 고난도의 비밀번호를 걸어두거나, 하드디스크를 복사하는 것 등이 있으니 문제가 될 만한 것들은 피하는 것이 상책이겠죠?

둘. 폭로. "임금님 귀는 당나귀 귀!" 재직하면서 억울한 일을 당했거나 회사의 어두운 면모를 목격하고도 입 밖으로 꺼내 놓지 못했던 것들을 퇴사할 때만이라도 속 시원하게 쏟아내고 싶은 마음이 굴뚝 같을 겁니다. 저 역시 마음을 다치게 했던 이들의 평판에 조금이라도 흠집을 내고 싶다는 마음에 온갖 상상을 다 했던 기억이 있는데요. 고구마 같은 조언이지만 이직을 염두하고 있다면 그 상상, 정말 상상으로만 남겨두는 것이 좋습니다.

앞서 영화 〈악마는 프라다를 입는다〉의 결말처럼 최근에는 평판 조회를 하는 기업들이 많아졌기 때문이죠. 폭로를 하는 등 마지막에 껄끄러운 일이 생겼다면 자칫 부정적인 평판이 이직할 회사로 전해질 수도 있습니다. 실제로 퇴사자에 자주 비유되곤 하는 영화 〈해리포터〉의 도비 캐릭터 사진을 컴퓨터 배경 화면에 설정해두고 퇴사했다는 이유로 꼬투리를 잡아, 부정적인 평판을 전했다는 사례도 있습니다. 마지막까지 긴장의 끝을 놓아서는 안 될 것 같아요.

퇴사 전, 이것만은 꼭 해요

반대로 이건 꼭 하고 나오자! 하는 것이 있으니, 바로 '개인정보 삭제'입니다. 수년간 사용했던 업무용 PC에는 의외로 업무와 관련된 내용 외에 개인정보도 꽤 많이 저장돼 있는데요. 퇴사 후에는 삭제할 기회가 없으니 퇴사 전에 민감한 개인정보를 말끔하게 지워야 합니다.

하나. 세금 문서 등의 개인 문서. 급여를 조회했던 급여명세서, 연말 정산을 위해서 사용됐던 원천징수영수증을 비롯한 다양한 개인정보 문서들이 저장돼 있을 가능성이 큽니다. 이외에 가족사진 등 개인 사진이 있을 수도 있겠죠.

금융 업무를 처리하기 위해서 공동인증서를 내려받는 일도 있었을 텐데요. 기한이 만료되면 더 이상 사용은 불가하지만, 굳이 민감한 개인정보와 관련된 전자문서를 남겨둘 필요는 없잖아요. 말끔하게 정리하는 것이 좋겠습니다.

둘. 브라우저 기록. 만일의 경우를 대비해 브라우저 기록도 말끔하게 삭제하는 것을 추천합니다. 검색 기록이 난처한 상황을 만들 수도 있습니다. 컴퓨터의 휴지통도 비우는 것이 좋겠죠.

특히 메신저가 자동 로그인되도록 설정해 두었다면 반드시 로그아웃하고, 저장돼 있던 비밀번호 정보를 삭제해야 합니다. 사생활 중에 사생활인 메신저 대화 내용이 다른 직원에게 공개된다면 자칫 얼굴을 붉히게 될 수도 있겠죠. 포털사이트 비밀번호 등 개인정보와 관련된 모든 데이터도 일체 삭제하는 것이 조금의 문제 가능성도 남기지 않는 방법일 겁니다.

이외에 서랍이나 캐비닛에 보관해왔던 개인물품도 빠짐없이 챙겨야겠죠? 두고 가는 것도, 가져가는 것도 없이 말끔하게 정리해서 회사와 나, 우리 사이 깨끗하게 청산하자고요!

이대로 하면 중간은 간다!

그럼 대체 내가 할 수 있는 건 뭐가 있나, 싶으시죠? 퇴사의 정석으로 여겨지는 절차를 알려드릴게요. 교과서의 기본 내용을 충분히 숙지해야 심화 버전의 응용이 가능하다는 건 쌀로 밥 짓는 얘기 아니겠어요?

첫째. 퇴사 통보. 퇴사는 누구에게 가장 먼저 말하면 좋을까요. 가장 가까운 선임? 최고 위치의 사장님? 보통 퇴사 통보는 본인이 속해 있는 팀의 리더에게 가장 먼저 하는 것이 관례입니다. 만약 리더에게 먼저 퇴사 통보를 하지 않고 선배나 동료 직원들에게 먼저 입을 열었다가, 이 소식을 리더가 전해 듣게 되면 예의에 어긋나는 행동을 한 셈이 되죠.

팀의 리더에게 퇴사 통보를 하고 나면, 리더가 서무 혹은 퇴사 관련 업무 담당자에게 고지하여 퇴사 절차를 밟을 수 있도록 합니다. 때에 따라서는 상담을 통해서 회사와 함께 조율할 수 있는 부분에 관해 얘기를 나눌 수도 있겠죠.

둘째. 사직서 제출. 현실에서 사직서를 내는 과정은 마치 업무의 연장선 같습니다. 가슴 속에 품고 있던 사직서를 꺼내는 게 아니라 퇴사 통보를 먼저 한 후에 사직서 작성을 해야 하거든요. 사직 문서는 보통 사내 양식이 정해져 있고 '사직 사유' '사직 일자' 등의 내용을 작성하게 됩니다. 본인의 의사로 사직한다는 동의 서명도 하게 돼 있습니다.

그리고 퇴사 처리 담당자가 전산처리할 시간이 필요하기 때문에, 근무 마지막 날이 아닌 근무일을 한참 남긴 시점에서 이 과정을 거치게 됩니다. 이때 사직 사유에 온갖 내용을 다 적고 싶은 마음이 굴뚝 같겠지만, 이성의 끈을 단단히 붙잡고 담백하게 작성하시길 추천합니다. '개인 사정' '학업'이라고 간단명료하게 적으시는 것이 가장 깔끔합니다.

셋째. 인수인계 처리. 인수인계는 문서로 업무 내용을 남기는 것뿐만 아니라 다음 후임자에게 실무를 교육하는 것 역시 포함입니다. 업종에 따라서는 근로계약서에 후임을 위한 인수인계 기간을 반드시 거친 후에 퇴사하도록 하는 특수 조항을 명시하는 때도 있다고 합니다.

인수인계 문서에는 담당 업무에 대한 현황, 정기적으로 처리해야 할 업무 내용, 업무 관계자에 대한 코멘트 등을 남기는 것이 일반적입니다. 특히 사용하던 업무용 컴퓨터의 비밀번호 등 디테일한 내용도 잊지 말고 기재해야겠죠?

어릴 적 엄마가 들려주던 전래동화, 아직도 마음 따뜻한 이야기로 남아있는 이유! 바로 해피엔딩이었기 때문이 아닐까요. "오래오래 행복하게 살았답니다!"처럼 우리의 직장 생활도 행복한 마무리를 짓기 위해서는 마지막까지 프로의 자세를 유지해야 합니다.

3 — ③
퇴사 전후
투두리스트

더이상 미룰 수는 없다!

코로나19가 우리의 삶을 뒤흔들고 나서, 일상은 엉망이 됐습니다. 결정적으로는 우리에게 말버릇이 하나 생겼죠.

"코로나만 끝나면…!"

지금 당장 하지 못하는 것에 대한 당위성을 부여하게 된 건데요. "코로나만 끝나면 운동할 거야!" "코로나만 끝나면 진짜 부지런하게 살아야지!" 어느 순간부터는 정말 할 수 없는 것 외에도 미루고 싶은 일이나 만나고 싶지 않은 사람에게 거절의 의사를 밝히는 치트키가 돼 버린 것 같기도 합니다.

그런데 이 화법, 퇴준생들의 화법과 많이 닮지 않았나요. 현재 다니고 있는 회사에서는 이룰 수 없다고 판단되는 것을 입에 담을 때마다 "퇴사만 하면…!"이라고 운부터 띄우는 말 습관! 직장인들이 자주 찾는 식당에 1시간만 앉아있어도 수십 번은 들을 수 있을 겁니다.

퇴사만 하면 모든 근심과 걱정이 사라지고 다 해낼 수 있을 것처럼 얘기하는 우리지만, 과연 그럴까요? 코로나만 끝나면 모든 것을 해낼 거라고 다짐만 하다가 허무하게 '잃어버린 3년'을 뒤로하게 된 것처럼, 언제 실행에 옮기게 될지 모르는 퇴사만 믿고 있다가는 소중한 일상을 잃어버리게 될 겁니다.

퇴사 전 우리가 할 수 있는 일들

구체적으로 언제 그만두겠다고 퇴사 시기를 정한 사람은 물론이고, 막연하게 퇴사를 바라고 있는 사람들까지도 '퇴사 전'에 할 일과 '퇴사 후'에 할 일을 정리한 일명 '퇴사 전후 투두리스트TO DO LIST' 작성은 필수입니다. 특히 퇴사 후의 공백을 줄이고 싶다면 '퇴사 전'에 최대한 많은 과제를 해결하는 것이 좋겠죠. 현재 직장을 다니면서도 충분히 할 수 있는 것들까지도 '퇴사 후'로 미루는 건, 주머니가 얇아지는 속도에 부스터를 달아주는 셈이 됩니다.

퇴사 전에 할 일 중 대표적인 것은 자격 조건을 충족하는 일입니다. 이직을 희망하는 회사에서 요구하는 어학 점수 기준, 가산점 요소가 되는 자격증 리스트가 있을 겁니다. '토익 850점 이상' '한국사 능력 시험 1등급 이상' 등의 조건이 여기에 해당합니다.

희망하는 회사가 최근 3년간 어떤 기준으로 지원 조건을 내걸었는지 사전 조사를 통해서 미리미리 준비하는 것이 좋겠죠. 어학 점수나 자격증처럼 합격, 불합격이 명확한 시험은 틈새 시간을 잘 활용한다면 얼마든지 퇴사 전에도 해결할 수 있습니다.

이직을 원하는 분들 중, 좀더 안전하게 준비하려는 분은 자격 요건 충족이 아닌 서류 합격까지는 한 뒤에 퇴사해도 늦지 않다고 봐요. 자기소개서 작성, 서류 준비 역시 퇴근 후에 틈새 시간을 활용해도 충분하니까요. 퇴사 후 1분 1초가 아까운 공백기에 토익 준비를 한다며 독서실을 다니는 일은 없어야 합니다.

단순 이직이 아닌 전문직으로 방향을 바꾸는 분들도 많습니다. 가령 제가 최근에 응시했던 공인중개사 시험을 예로 들어 볼게요. 이 시험은 1차와 2차로 나뉘고 1차는 개론과 민법 2과목, 2차는 중개사법과 공법, 공시법과 세법 4과목으로 나뉘는데요. 적어도 1차까지는 합격 도장을 받은 뒤에 퇴사 선언을 하는 것이 현실적인 결단이라고 볼 수 있습니다.

특히 전문직 시험은 막상 호기롭게 도전했던 분들도 중도 포기를 선언하는 사례가 많습니다. 내가 이 시험과 잘 맞는지를 검증하기 위해서라도 한두 번의 도전 뒤에 퇴사 선택을 하는 게 좋죠. 예시는 공인중개사 시험이었지만 이보다 더 어려운 난이도의 시험에 도전한다면 더욱이 시험공부를 위한 퇴사 결정은 신중해야 합니다.

창업도 다르지 않습니다. 시장조사와 예산 수립은 물론이고 정부나 지자체에서 지원받을 수 있는 사업에 선발된 뒤에 퇴사 결정을 내린다면 불안함은 훨씬 줄어들 겁니다. 특히 창업 지원사업에 도전하기 위해서는 사업계획서 등 작성해야 할 서류가 많기 때문에, 이를 준비하면서 자연스럽게 창업에 대한 그림을 구체적으로 그려볼 수 있습니다.

누구에게나 주어진 시간은 하루 24시간으로 동일하지만, 각자의 틈새 시간을 어떻게 얼마나 효율적으로 활용하느냐에 따라서 '퇴사 전'에 이뤄낼 수 있는 것들은 상상 그 이상으로 많아질 수 있습니다.

퇴사 후, 뒤도 돌아보지 말고 앞으로 GO! 해야 하는 일들

퇴사 후에는 본격적으로 목표한 바를 위해서 할 수 있는 일들을 적극 실천에 옮겨야겠죠. 이직을 원하는 직장이 일정 기간 실습을 요구한다면 그 과정을 거쳐야 할 것이고, 창업을 준비한다면 비즈니스 미팅을 해야 할 겁니다. 지금까지 회사의 휴가를 이용하는 것만으로는 해결되지 않았던, 충분한 시간을 필요로 하는 일을 깊이 있게 해낼 시간입니다.

굳이 나눈다면 퇴사 전에도 할 수 있는 일은 '정량적인' 요소가 많고, 퇴사 후에는 시간과 에너지를 쏟아야 하는 '정성적인' 요소가 대부분입니다. 그래서 막상 퇴사 후에는 당장 내가 나아가고 있는지 제자리에 있는지 알 수가 없어서 답답하기도 하고 회의감이 들기도 하죠. 하지만 회사 문을 박차고 나온 이상 되돌릴 수 없습니다. 미련이 묻어있는 발걸음으로 자꾸만 뒤를 돌아보지 말고, 공들여서 탑을 쌓는다는 생각으로 자신이 만든 퇴사 후 투두리스트를 하나씩 실천해 가세요. 언제 완성되나 싶었던 탑이, 어느 날 나도 모르는 새 위풍당당한 모습으로 완성된 것을 볼 수 있을 거예요.

우리 앞선 챕터에서 '퇴사 시기'에 대해서 함께 얘기했었죠. 어쩌면 퇴사 시기에 대한 진짜 답은 이번 챕터에 있다고 볼 수도 있을 것 같은데요. 퇴사는 언제하는 것이 제일 적당하냐고요? 여러분이 '퇴사 전'에 할 수 있는 것들을 다 끝냈을 때, 그리고 '퇴사 후' 전력질주할 준비가 됐을 때가 퇴사하기에 최적의 시기입니다.

그대로 나갔다간 똑같은 이유로 퇴사한다는 것에 10만 원 건다!

'일'을 선택하는 기준

"직장을 선택하는 기준이 어떻게 되세요?"

취업 컨설턴트로 활동하던 시절, 이 질문을 던지면 10명 중 9명은 당황한 기색을 숨기지 못했습니다. 직장을 선택하는 기준에 대해 지금까지 제대로 생각해본 적이 없었던 거죠. 취업준비생 시절에 '난 이 기업 아니면 안 돼!'라며 호기로운 마음으로 시작했다가 어느새 '제발 받아만 주세요'로 바뀐 경험 있으시죠. 분명 저 높은 곳을 원했는데 서류, 면접이 하나둘씩 불합격 통보를 받으면서 목표가 아득해지던 기억이 나실 겁니다. 기준이 있다고 해도 '네임벨류 있는 기업' '유통업계'처럼 모호한 경우가 많았을 거고요.

우리가 '일'을 하는 기간은 어느 정도 될까요? 3년? 5년? 어림도 없죠. 파이어족으로 40대에 일을 멈춘다고 하더라도 최소 10~15년, 정년까지 꽉 채운다면 30년 가까운 세월을 일터에서 보내게 됩니다. 고등학생 때 '이 길고 긴 학창 시절은 언제 끝나는 걸까'하고 막막했던 적 있나요? 일터에서 보내는 시간은 그 시간의 2~3배쯤 되는 어마어마한 시간이에요. 그래서 우리는 퇴사를 실행에 옮기기 전에 내가 어떤 기준으로 직장을 고를지, 크게는 어떻게 '일'을 선택할지를 제대로 고민해봐야 합니다. 나의 기준도 모른 채 퇴사한다면 결국 다른 곳에서도 같은 이유로 일을 그만두게 될 확률이 높으니까요.

조금씩 다른 가치관을 가진 두 사람을 예시로 들어 볼게요.

[A] A가 직장을 선택할 때 중요하게 생각하는 요소는 첫째, 개인의 성장 가능성. 둘째, 고과 중심 승진. 셋째, 복지라고 해요. 진취적인 성향을 지닌 친구죠. 내가 일하는 만큼 인정받고, 일을 잘한다면 승진도 빨리하고 싶다! 여기에 연봉 못지않게 회사의 복지를 중요시하며 부가적인 만족감까지 챙기고 싶은 것 같아요.

그런데 이런 가치관을 가진 A가 공공기관을 다니고 있다면 어떨까요? 일반적으로 공공기관은 공적 성격이 강한 조직이기 때문에 개인의 성장 가능성보다는 조직을 우선으로 하고, 고과 중심 승진보다는 연차 순의 승진을 하는 경우가 많습니다. 복지 제도 역시 대기업과 비교한다면 소박한 수준이죠. 이렇게 단적으로 직장을 선택하는 기준으로만 놓고 본다면 직장 만족도는 상당히 낮을 확률이 높은데요. 이런 A가 퇴사 후 또 공기업으로 터전을 옮긴다면 퇴사를 한 의미가 없겠죠?

[B] B가 직장을 선택할 때 중요하게 고려하는 것은 첫째, 고용 안정성. 둘째, 워라밸. 셋째, 회사의 전망입니다. 현재 다니고 있는 회사는 스타트업이고요. 이 경우는 어떨까요? 스타트업은 내일이 불투명하지만, 회사 규모가 비교적 작다 보니 구성원들 각자의 업무 중요도가 높아서 책임감도 크고, 이 과정에서 얻을 수 있는 보람도 적지 않다고 해요.

다만 아쉽게도 B에게 중요한 요소들을 최적으로 반영한 기업이라고 보기는 어렵겠죠. 스타트업의 특성상 고용 안정성을 보장해주기는 힘들고, 새로운 사업을 준비하다 보면 야근을 하는 날이 비일비재해서 워라밸을 챙기기도 어려울 겁니다. 그래도 3순위인 '회사의 전망'은 기대해볼 수 있어요. 몸담은 기업이 하루가 다르게 성장

하는 걸 지켜볼 수 있고, 큰 투자를 받는 장밋빛 미래가 B를 기다릴지도 모르잖아요. 고용 안정성에 대한 중요도가 얼마나 높은지에 따라서 현재 직장을 계속 다닐지 말지가 결정될 것 같네요.

퇴사 전에 해보자, 기업 선택 월드컵!

키워드 예시 : 연봉 / 근무 지역 / 복지 / 육아휴직 / 능력 중심 승진 / 조직문화 / 고용 안정성 / 개인의 성장 가능성 / 순환근무 여부 / 기업규모 / 적성 일치도 / 회사의 전망 / 이직 기회 / 워라밸 / 기업인지도

자, 이제 위 키워드를 참고하여 각자가 직장을 선택하는 기준들을 정리하고, 우선순위를 매겨 봅시다. 키워드는 더 추가해도 좋아요. 이상형 월드컵과 유사한 '기업 선택 월드컵'을 해보는 거예요. 우리는 이 과정을 통해서 이직을 희망하는 기업 리스트를 추릴 수도 있고요. 현재 몸담은 회사에서 불만족을 느끼는 이유가 무엇인지를 찾아볼 수도 있습니다. 앞서 함께 살펴봤던 '퇴사 사유 체크리스트'가 퇴사를 하고 싶은 이유를 직면하고 퇴사를 할지 말지를 결정하는 용도라면, 기업 선택 월드컵은 나와 찰떡궁합인 기업을 찾기 위한 여정이죠.

특히 이직을 준비할 때는 현재 기업에 대한 불만족이 너무나도 크게 느껴져서 '여기만 아니면 어디든지 만족할 수 있을 것 같다!' 라고 생각하는 경우가 많은데요. 현실은 오히려 반대입니다. 같은 실수를 할 확률이 훨씬 높아요.

반대로 이것만은 절대 안 돼! 하는 워스트 요소 3가지를 꼽아보는 것도 의미가 있습니다. 제가 워스트 리스트를 작성한다면 1순위는 '타지 근무'일 텐데요. 마지막 직장이었던 공기업에서 타지 근무를 하며 몸과 마음이 모두 힘들었던 탓에, 만약 다시 직장 생활을 한다면 타지 근무의 가능성이 있는 곳은 절대 고려하지 않을 것 같습니다.

이렇게 하나둘씩 여러분이 중요하게 여기는 요소들을 정리하다 보면 플랜 B, C의 현실적인 방향성이 나오게 될 겁니다. 내 마음의 소리를 절대 무시하지 마세요. 한순간의 선택이 앞으로의 10년을 결정할 수도 있으니까요.

이직에 최적화된 업무역량 정리 방법

평범함을 비범함으로 포장하는 일

제가 취업 및 이직 컨설팅을 진행할 때 가장 많이 받았던 질문 중 하나가 바로 "저는 너무 평범한데 가능할까요?"였습니다. '평범'이란 비범하지 않다, 특별하지 않다는 말이죠. '내가 매일 같이하는 일들은 특별히 내세울 것이 없는데 과연 이걸 바탕으로 이직에 성공할 수 있을까?'와 같은 생각들이 평범이라는 두 글자 안에 꾹꾹 담겨 있습니다.

취업이든 이직이든 구직 과정에서 '합격' 두 글자를 마주하기까지, 우리는 마케터가 되어야 합니다. 아무리 평범한 물건이라도, 시중에 비슷해 보이는 물건들이 많더라도 마케터들은 구미가 당기는 전략적 스토리텔링을 통해서 마치 이 상품이 특별해 보이도록 합니다. 한 마디로 포장을 잘하는 거죠. 우리 역시 '나'라는 제품과 '업무역량'이라는 제품의 성능을 매력적인 스토리텔링으로 예쁘게 포장해서 판매해야 합니다. 이 판매가 성공하면 우리는 마침내 구직에 성공하게 됩니다.

그런데 문득 이런 의문도 듭니다. 평범하다는 건 누구의 기준일까? 내가 재직 중인 회사 사람들? 비슷한 직군 종사자들? 아니면 대한민국 전체? 어쩌면 내가 지극히 평범하다고 생각한 업무조차 누군가에게는 굉장히 낯설고 대단해 보일지도 모릅니다. 우리도 신입사원 때는 능숙하게 업무를 처리하는 선배들을 보며 "멋있다"라고 표현했잖아요. 하지만 나 역시 그 업무를 익숙하게 처리할 수 있게 되면서 그러한 동경이 사라진 거죠. 여러분이 하는 일을 평가절하하는 습관은 버려야 합니다. 자, 그럼 지금부터는 일상의 평범한 업무를 잘 포장하는 방법을 알아볼까요.

훌륭한 포장의 비결은 '키워드화'

업무역량을 강력한 총알로 만들 수 있는 비결은 바로 '키워드화'입니다. 지극히 평범한 업무 내용도 어떻게 키워드로 도출해 내느냐에 따라서 평가가 천차만별로 나뉠 수 있습니다. 그렇다면 내가 가진 업무역량을 어떤 키워드로 만들어야 할까요? 바로 이직을 희망하는 기업과 직무에서 필요로 하는 키워드로 만들어야 합니다. 그 과정을 3단계로 나눌 수 있습니다.

1단계. 이직 희망 직무의 관련 키워드를 도출한다. 과거에 은행에서 공기업으로 이직을 했던 저의 경험을 활용해 볼게요. 저는 공기업에서 일반 사무직을 지원하고자 했는데요. 일반 사무직의 업무도 일체를 일반화할 수는 없죠. 각 기업에서 요구하는 업무역량이 존재하고, 추진하고 있는 사업에 따라서 활동 반경도 다릅니다. 기업분석을 통해서 세부적인 내용을 파악해야 빠르고 정확하게 관련 키워드를 도출할 수 있습니다. 제가 지원하고자 했던 기업의 일반 사무직 관련 키워드는 '문서정리 능력' '자원관리 능력' '고객응대 능력' 등이었습니다.

2단계. 현재 혹은 이전 직장의 업무와 키워드를 정리한다. 이번에는 현재의 직장 혹은 이전 직장의 업무와 키워드를 정리해야겠죠. 단순히 산업군을 중심으로 생각하면 은행이랑 공기업이 무슨 상관이 있냐며 연관 짓기가 힘들겠지만, 업무를 세부적으로 뜯어보고 그 특성을 들여다보면 충분히 연결 지을 수 있습니다.

예를 들어, 은행의 주 업무는 '내점 고객 응대' '금융 상품 판매' '상품 마케팅'으로 꼽을 수 있는데요. 각 업무를 중심으로 마인드 맵을 그려보면 세부적인 키워드를 도출하는 것이 훨씬 수월해집니다. 내점 고객 응대는 '고객 요청에 따라 업무처리' '고객 문의에 대한 답변' '현금 관리 철저'와 같이 세부적으로 분석할 수 있습니다. 내가 수행했던 업무는 내가 가장 잘 알고 있다는 사실을 명심하세요.

3단계. 연결되는 키워드와 사례를 정리하여 포장한다. 마지막으로 2단계에서 가지치기한 업무 내용과 1단계에서 도출한 키워드를 연결지어서 사례까지 정리하는 단계입니다. 가령 내점 고객 응대 업무는 고객 응대 능력과 연관 지어 디테일한 사례를 정리할 수 있고, 금융 상품판매는 문서정리 능력과 관련지어 에피소드를 서술할 수 있겠죠.

실제로 저는 이 같은 방법으로 언론사에서의 경력을 은행 채용에서, 은행에서의 경력을 공기업 채용에서 발휘할 수 있도록 총알을 만들었고, 높은 점수를 얻어 합격할 수 있었습니다. 표면적으로 보이는 특성만 봤을 때는 언론사에서 은행을? 은행에서 공기업을? 이라고 의아해하여 활용할 수 없다고 여길지 모르지만, 업무역량을 키워드로 만든 덕분에 가능한 일이었죠.

총알을 모으는 습관

평소 자신의 업무역량에 대해서 전혀 고민해보지 않았던 사람에게 갑자기 '자신의 업무역량을 총알로 만들어 보시오!'라고 미션을 준다면 너무나도 막막하겠죠? 여러분도 평소에 자신의 업무역량을 들여다보는 연습을 하지 않는다면 이직 준비를 하는 것이 무섭게만 느껴질 거예요. 여러분이 보다 쉽게 나만의 총알을 모을 수 있도록 작지만 아주 강력한 습관을 알려드리고자 합니다.

하나. 데일리 업무 일지. 총알을 만들기 위해서는 내가 직장 내에서 하는 일을 제대로 파악하고 있어야겠죠. 업무 분장표에 기재돼 있는 것이 전부가 아니라는 것은 직장인 모두가 알고 있는 사실입니다. 업무 분장표에 기재된 활자들이 어떻게 현장에서 살아 움직이고, 내가 이를 어떻게 컨트롤하고 있는지, 혹시 내가 그 외의 업무를 처리하고 있다면 어떤 내용이고 결과는 어떠했는지! 우리는 이 모든 사실관계를 기록으로 남겨야 합니다.

누군가에게 보여주기 위해서가 아니죠. 내가 작성하고 내가 활용하기 위함입니다. 따라서 형태는 중요하지 않습니다. 중요한 것은 '매일' 그리고 '키워드를 명확하게' 적을 것. 바로 이 두 가지입니다. 우리는 어제 먹은 점심 메뉴도 바로바로 생각해내기가 힘든 바쁘다 바빠 현대사회의 현대인입니다. 기록만이 살길이죠.

매일매일 퇴근 전 내가 당일에 한 업무 내용, 성과, 기여 정도, 특이점 등을 간단한 키워드로 기록하는 일지를 작성해보세요. 이 기록들이 모여서 훗날 우리의 총알이 될 수 있습니다.

둘째. 업무 결과 증빙자료 수집. 데일리 업무일지만으로는 내가 진행한 업무에 대한 표현이 온전히 구현되지 않을 수 있습니다. 이럴 때는 해당 업무 결과를 나타낼 수 있는 발표 자료, 현장 사진 등을 따로 저장해두면 좋습니다. 기업의 정보는 대부분이 대외비, 즉 외부로 알려저서는 안 되는 것들이기에 별도로 유출해서는 절대 안 되지만, 담당자가 저장하여 두고 확인하는 것은 문제 되지 않으니까요. 재료가 많으면 많을수록 가능한 요리의 개수가 무궁무진하게 늘어납니다. 업무 기록 또한 많이 남길수록 총알의 색깔과 형태를 다양하게 만들어낼 수 있습니다.

무엇보다도 이직러들에게 가장 중요한 것은 바로 '경력기술서'입니다. 경력직으로 이직을 하는 경우에는 말할 것도 없고, 신입으로 이직을 하더라도 중고 신입으로 지원하는 상황이므로 이전 직장에서 업무 경력을 여실히 보여줄 수 있는 경력기술서는 합격의 당락을 가르는 요소입니다. 경력기술서에 작성하는 내용은 증빙 자료를 요구하는 경우가 대부분이니, 미리미리 대비하는 것이 좋겠습니다.

퇴직금? 퇴직연금?
그게 뭐예요?

퇴직금과 퇴직연금

"회사 다닌 시간이 절대 무의미하지는 않았어!"라고 퇴사 후의 나를 토닥일 방법 중 단연 1등은 퇴직금입니다. 퇴직금이란 근로자가 상당 기간을 근속하고 퇴직하는 경우에, 근로관계가 종료되는 것을 사유로 일시금으로 지급하는 급여를 말해요. 즉, 퇴사하는 직원에 대해서 '그동안 수고하셨습니다'라는 의미로 한 번에 지급하는, 마무리성 급여라고 볼 수 있는 거죠.

그런데 바로 이 퇴직금이 문제가 많습니다. 예를 들어 회사가 경영 악화 등 다양한 이유로 자금 사정이 좋지 않을 수도 있겠죠? 이런 경우에는 근로자들이 마땅히 받아야 할 퇴직금을 받지 못할 수도 있습니다. 그래서 도입된 것이 바로 '퇴직연금 제도'인데요. 근로자가 훗날 퇴사 후에 받아야 할 퇴직금을 회사가 계속 갖고 있지 않고 금융 회사에 차곡차곡 적립해서, 최악의 상황에 대비하는 게 목적이에요. 근로자들이 퇴직급여를 안정적으로 받아갈 수 있도록 안전장치를 마련한 거죠.

퇴직연금 제도는 여러 유형 중 한 가지를 선택하여, 그에 따라 퇴직금이 운용됩니다. 퇴직급여는 한 번에 일시금으로 받을 수도 있고, 노후를 위해 적립을 이어나가며 훗날 연금의 형식으로 받을 수도 있습니다.

마지막까지 똑똑하게 회사생활을 마무리할 수 있도록 퇴직연금 유형을 같이 정리해 볼게요.

[DB형 - 확정급여형]

확정급여형은 근로자들이 퇴사 시에 수령하는 퇴직급여가 확정된 방식이에요. 회사는 일정 금액을 계약한 금융회사에 차곡차곡 적립하고, 이 금액을 운용합니다. 이때 운용하는 자금에서 발생한 수익도, 손실도 회사에 귀속됩니다. 즉 우리가 수령할 퇴직급여의 금액에는 영향을 끼치지 않는다는 말이죠. 예상 퇴직급여는 포털사이트에 검색하면 나오는 '퇴직금 계산기'로 확인할 수 있습니다.

[DC형 - 확정기여형]

이 유형은 용어 자체에 '기여'라는 단어가 포함돼 있듯이 근로자가 퇴직급여에 기여하는 방식이에요. 회사가 계약한 금융회사에 퇴직급여 일부를 적립해 두면, 이 자금을 근로자가 운용하게 되는데요. 이 과정을 통해서 발생한 수익도 근로자에게 돌아가고, 손해도 근로자 본인이 책임을 지게 돼요. 그래서 DC형의 장단점은 명확하죠. 퇴직급여를 더 크게 불릴 수도 있지만 반대로 거의 남지 않게 될 수도 있다는 겁니다.

[IRP]

IRP는 퇴직연금 제도의 핵심입니다. 회사에 퇴사 통지를 하고 나면 담당자로부터 IRP 통장 사본을 달라는 요청을 받게 돼요. 퇴직연금 제도에서는 퇴직급여를 무조건 IRP 통장으로 이전받게 돼 있거든요. 일반 입출금통장은 사용할 수 없어요. IRP 계좌는 퇴직급여를 수령하는 용도뿐만 아니라, 개인이 노후 자금을 적립하는 용도로도 사용할 수 있는데요. 세제 혜택도 볼 수 있어서 근로자들에게는 필수 상품으로 꼽힙니다.

퇴사 처리가 모두 완료되고 나면 퇴직급여가 IRP 계좌로 이체돼서 들어옵니다. 이때 우리는 선택을 하게 돼요. 퇴직급여를 일시금으로 수령할 것인지 혹은 퇴직연금으로 운용해 나갈 것인지 말이죠. 일시금 수령은 IRP 통장을 해지하고 퇴직급여 전액을 받겠다는 건데, 수령 할 때

퇴직소득세와 기타소득세를 부담하게 됩니다. 퇴직연금으로 운용한다면 당장은 퇴직급여를 받을 수 없지만 노후를 대비할 수 있고, 퇴직소득세도 이연돼서 세금 부담도 줄일 수 있어요.

퇴직금이 많아지는 타이밍이 있다?

여기서 잠깐. 퇴사에도 길일이 있다는 것 아셨나요? 정확하게는 '일'이 아니라 '월'인데요. 4월에 퇴사하면 퇴직금을 조금이라도 더 받을 수 있답니다. 비밀은 '퇴직금 산식'에 숨어있어요. 우리가 퇴사 후 받게 되는 퇴직금은 '평균임금 × 30일 × (재직일수 / 365일)'로 계산되는데요. 퇴직연금 유형에 따라서 세부적인 금액과 산정방식은 달라지겠지만 기본적인 공식은 동일하게 적용됩니다.

여기서 '평균임금'은 퇴직금뿐만 아니라 휴업수당, 유족보상 등을 계산하는 기준이 되기도 합니다. 근로기준법 제2조에 따르면 평균임금은 '이를 산정해야 할 사유가 발생한 날 이전 3개월 동안에 그 근로자에게 지급된 임금의 총액을 그 기간의 총일수로 나눈 금액'이라고 하는데요. 즉 퇴직금 산정에 적용되는 평균임금은 '퇴직일 이전 3개월간의 임금 총합'을 '퇴직일 이전 3개월간의 총 일수'로 나누어서 계산합니다.

결국 핵심은 한 달을 일괄 30일로 간주하여 3개월을 총 90일로 계산하는 것이 아니라, 실제 월별 일수가 반영된다는 겁니다. 그래서 1년 중 월별 일수가 가장 적은 2월이 여기에 포함되면 근로자로서는 퇴직금을 산정받을 때 유리해지는 거죠. 분모에 해당하는 일수가 단 하루라도 줄어들면 평균임금이 올라가는 구조니까요.

예를 들어 봅시다. A가 2021년 4월에 입사해 200만 원의 월급을 받고 있습니다. 퇴직일은 마지막 근무일 다음 날이기 때문에 해당 월 말일까지 근무하고 다음 달 1일에 퇴사하는 것을 기준으로 합니다. A가 2022년 12월 31일까지 근무하고 퇴사한 경우, 평균임금은 '600만 원 / 92일'로 계산돼 약 6만 5,217원이 되는데요. 퇴직일 전 3개월에 해당하는 10월과 12월이 각각 31일, 11월이 30일이라 총 92일이 되는 겁니다.

반면 올해 4월 30일까지 근무하고 5월 1일자로 퇴사한다면, 평균임금은 '600만 원 / 89일'로 약 6만 7,415원이 됩니다. 2월이 28일, 3월이 31일, 4월이 30일이어서 총 89일이 되는 건데요. 이렇게 3개월 일수를 더했을 때 제일 적은 일수인 89일이 나오는 경우는 2월 +3월+4월이 유일합니다. 평균임금만 놓고 보면 2,000원 남짓 차이지만, 여기에 재직일수가 곱해지면 액수 차는 꽤 벌어지겠죠. 예시에서 A의 경우, 퇴사를 넉 달 미뤘을 뿐인데 퇴직금은 100만원 가까이 더 받게 되는 겁니다.

퇴사는 괜찮아,
방법이 문제지

퇴직연금이 도입되지 않은 회사라면?

문제는 퇴직연금을 도입하지 않은, 아직도 일시급으로 퇴직금을 지급하고 있는 회사에 재직 중인 경우입니다. 혹시 퇴사한 이후에 퇴직금을 받지 못하는 상황이 생겼다면 관할 지방고용노동청에 진정서 접수를 하셔야 해요. 접수 후에는 임금체불 조사를 받게 되고 과정에 따라 체당금 지급을 신청할 수 있습니다.

여기서 '체당금'이란 기업의 사정으로 인해 퇴직한 근로자가 임금 등을 받지 못한 경우 정부가 나중에 사업주로부터 변제받기로 하고 사업주 대신에 근로자에게 지급하는 금액을 말하는데요. 쉽게 말해 정부가 기업 대신에 퇴직금을 우리에게 지급해주고, 우리 대신 기업으로부터 퇴직금을 받아내겠다는 겁니다. 이 과정에서 적지 않은 마음고생을 하시겠지만, 끝까지 포기하지 마시고 반드시 받아내세요! 우리의 권리는 우리 스스로 지켜야죠. 참고로 고용노동부의 대표 문의 전화번호는 1350번입니다.

이것도 없이 퇴사하려고?

4 —①
얼마 모아야
퇴사할 수 있나요?

진짜 퇴준생 앞에서 소용없는 '먹고사니즘'

대한민국 직장인들이 한 달 중 퇴사 생각을 가장 덜 하는 시기가 있습니다. 바로 20일에서 25일 사이인데요. 공식적인 데이터가 나와 있는 것은 아니지만 제가 직장인일 때 급여일은 대부분 20일 언저리였고 주변 지인들 역시 마찬가지였습니다. 은행원으로 근무할 당시 담당했던 업무 중 하나가 '급여 이체'였는데, 실제로 매달 20일이 되면 급여 이체를 요청하는 연락으로 전화통에 불이 나곤 했답니다. 이쯤 되면 지나친 일반화는 아닌 것 같아요.

'먹고사니즘'이라는 말이 있어요. 먹고 사는 일이 가장 중요하다고 생각하는 주의를 의미합니다. 우리가 회사에 다니는 것도 다 먹고 살자고 하는 일이다 보니, 불과 며칠 전에는 퇴사를 떠올렸던 사람도 통장에 떡하니 찍혀있는 급여를 마주하고 나면 금세 태세 전환을 하게 되는데요. 딱히 의지가 나약해서도 아닙니다. 지극히 정상이죠. 급기야 "그래! 내가 무슨 퇴사냐!" 단전에서부터 끌어올린 한숨을 크게 내뱉고 나서 지난달에 차마 결제하지 못했던 위시리스트까지 구매하고 나면, 나에게 꼬박꼬박 월급을 주는 회사에 고맙다는 생각이 들기까지 합니다.

그런데 먹고사니즘은 진짜 퇴사를 결심한 사람 앞에서는 힘을 쓸수가 없어요. 이유가 어찌 됐든 이 회사를 정말로 그만두기로 했으니, 자연스럽게 먹고 사는 문제보다는 '나' 그리고 '내일'에 무게를 싣게 되죠. 그럼에도 퇴사를 앞둔 사람들에게 "퇴사 후의 삶, 어떤 것이 가장 걱정되시나요?"라고 물었을 때 나오는 다양한 답변 중 부동의 1위는 '금전 문제'일 겁니다.

좀더 세부적으로는 '현실적으로 얼마를 모아둬야 퇴사할 수 있을까?' '퇴사 후, 수입 없이 얼마나 버틸 수 있을까?' 같은 문제겠죠. 정말 퇴사하겠다고 마음을 먹었으면 이렇게 걱정되는 미래에 대비해야 합니다.

**퇴사는 괜찮아,
방법이 문제지**

퇴사 준비자금의 필요성

대퇴사 시대가 오기 전에도 대한민국에서는 수많은 직장인이 퇴사와 이직을 했습니다. 그런데 퇴사한 모든 직장인이 퇴사 '전'에 목표로 잡았던 직장으로 이직에 성공했을까요? 안타깝게도 아닙니다. 목표로 잡았던 직장은커녕, 오히려 이전 직장보다 여건이 좋지 않은 곳으로 이직하게 되는 경우도 적지 않은 것이 잔혹한 현실이죠.

이런 일이 발생하는 수많은 이유 중 지독하고도 지극히 현실적인 이유는 '얇아진 주머니'를 견디지 못해서입니다. 통장이 텅장이 될수록, 주머니가 얇아질수록 멘탈도 함께 약해지면서 어느새 목표가 흐릿해지는 건데요. 정신을 차리니 이전에는 생각지도 않았던 기업들의 채용 공고를 살펴보고 있는 나를 발견하곤 합니다.

그러니까 주목! 우리는 퇴사 전에 '퇴사 준비자금', 즉 비상금을 확실히 모아둬야 합니다. 사표를 내는 순간까지 산 넘고 물 건너 쉽지 않은 과정을 거쳐왔는데, 자금 때문에 허무하게 레이스를 접을 수는 없지 않겠어요? 퇴사 후 각자가 걸어갈 길이 이직이 될지, 창업이 될지 혹은 저와 같은 프리랜서가 될지는 알 수 없지만, 끝까지 걸어갈 수 있는 지구력은 결국 각자의 주머니로 인해 좌지우지되기 마련입니다.

비축해야 할 금액

"그렇다면 얼마를 모아야 하나요?" 가장 이상적인 금액은 현재의 급여를 기준으로 최소 300%에서 최대 600%입니다. 이는 퇴사 후 수입이 없는 공백기가 최소 6개월에서 최대 1년이 된다는 가정하에 산정한 금액인데요. 일반적으로 '비상금'이라고 하면 비상시에 사용하는 돈, 즉 예상치 못한 지출이 생길 것에 대비하여 비축하는 자금을 얘기하죠.

대표적으로 축의금, 조의금, 병원비 등이 여기에 해당합니다. 보통 퇴사 준비자금이 아닌 일반적인 비상금이라면 급여 기준으로 최소 100%에서 200% 정도가 이상적입니다. 가령 급여가 250만 원 정도라면 비상금 통장에는 최소 250만 원에서 500만 원 정도가 비축된 것이 좋다고 보는 거죠.

하지만 퇴사 준비자금에는 생계가 진하게 묻어있습니다. 퇴사 전에 비축해 둔 자금은 앞서 얘기한 비상 상황에서도 쓰이지만 당장 주거를 위한 월세, 관리비 등을 포함한 생활비로도 쓰이고, 이직 혹은 사업 준비를 위한 교육비로도 사용되죠. 평소에 하루 3잔씩 마시던 커피를 하루 1잔으로 줄인다고 하더라도 통장이 하루하루 마이너스가 된다는 사실은 변함이 없습니다. 그래서 기존 급여의 50% 정도는 생활 전반을 위해서 지출하게 된다는 가정하에, 현 급여의 300%에서 600%를 목표로 잡는 겁니다. 물론 진리의 사바사, 사람바이 사람으로 절약을 잘하는 사람이냐, 소비 절제가 어려운 사람이냐에 따라서 곳간이 털리는 속도도 다르겠죠.

그렇다고 해도 최대 600%는 너무 큰 금액 아니냐고요? 당연히 하루아침에 모을 수 있는 돈은 아닙니다. 하지만 퇴사 결정 역시 마찬가지 아닌가요. 우리 마음속에서 퇴사라는 두 글자가 무럭무럭 자라나는 오랜 시간 동안 만일에 대비해서 퇴사 준비자금도 함께 준비해 보자고요. 이것 하나만은 확실해요. 당장 퇴사 준비자금을 모으는 것이 부담스럽다고 금액을 너무 빠듯하게 모아두면, 퇴사 후 나의 고생길은 하루 빨리 찾아온다는 것입니다.

이직 준비를 하는 동안에 결국 불안감을 이겨내지 못하고 아르바이트를 병행해서 공부 시간을 온전히 확보하지 못하게 될 수도 있고요. 최악의 시나리오로는 급여나 복지 등이 이전 직장보다 아쉬운 곳으로 눈을 돌리게 되는 것입니다. 퇴사는 끝이 아니에요. 새로운 시작이죠. 퇴사 후 다음 스텝을 위한 준비 역시 느슨해서는 안 됩니다.

퇴사 준비자금,
어디에 넣어둬야 할까요?

소중한 퇴사 준비자금을 관리하는 방법

퇴사 준비자금을 모으는 방법은 너무나도 다양합니다. 그러니 그 얘기는 뒤로 조금 미뤄두고, 피땀눈물로 모은 비상금! 대체 어디에 넣어두고 사용하면 좋을지에 대해 먼저 얘기해볼게요. 안 먹고 안 쓰고 한 푼 두 푼 어떻게 모은 돈인데, 설마 입출금통장에 넣어두고 사용하려던 건 아니겠죠? 금리 인상기에는 입출금통장 역시 금리가 소폭 올라가긴 하지만 짧게는 6개월, 길게는 1년이 넘는 시간 동안 적지 않은 돈을 예치해두고 쓰기에는 적합하다고 볼 수 없어요.

그렇다고 이자 욕심을 내서 정기예금이나 적금을 들 수도 없으니,

입출금이 자유로우면서도 소정의 이자도 챙길 수 있는 상품으로 타협점을 찾아야겠죠. 우리네 부모님이 장롱 속 이불 밑에 비상금과 집문서를 숨겨뒀던 것처럼, 우리의 퇴사 후 비상금을 안전하게 품어줄 상품 몇 가지 소개해 볼게요.

쌓이는 이자가 쏠쏠한 파킹통장

파킹통장은 잠시 주정차를 하듯이 자금을 넣어두는 통장이라고 해서 이름 붙은 상품이에요. 자금을 손쉽게 넣고 뺄 수 있다는 점에서는 일반 입출금통장과 크게 다르지 않지만 금리는 다르죠. 적게는 5배 많게는 20배 넘게 이자를 챙겨줘서 저축성 상품이 어렵게 느껴졌던 20·30 세대에게 인기가 많습니다. 파킹통장이 등장한 초창기에는 주로 저축은행에서 내놓는 상품이었지만 이제는 시중 은행에서도 파킹통장을 어렵지 않게 찾을 수 있습니다.

대표적으로는 토스뱅크의 파킹통장이 있습니다. 이 통장은 2022년 12월 기준으로 연 2.3%의 금리를 제공합니다. 연 0.1% 금리를 제공하는 것이 일반적이었던 기존의 입출금통장과는 비교가 안 되는 이율이죠. 게다가 인터넷전문 은행답게 당행, 타행 이체 수수료는 물론이고 ATM 입금, 이체, 출금 수수료는 편의점에서조차 무료입니다. 힘들게 모은 퇴사 준비자금에 하루하루 이자가 쌓이는 걸 확인할 수 있다면 소소한 행복이 되지 않을까요.

혹시 저축은행 이용이 불안하다면 예금자 보호가 가능한 '5천만 원'을 기억하세요. 예금자보호법에 따라서 우리는 금융사별로 1인당 5천만 원까지 보호받을 수 있는데요. 여기서 '금융사별'이라는 건 쉽게 말해 은행별로 보호를 받는다는 거예요. 5천만 원은 세전 기준으로, 원금과 이자를 모두 합친 금액을 의미합니다. 퇴사 준비자금이 5천만 원을 넘기는 경우는 많지 않을 테니, '저축은행 파킹통장도 괜찮은 거야?'라고 의문을 가졌던 분이라면 안심이 되실 겁니다.

비상금 통장계의 조상, MMF & CMA

MMF와 CMA 두 상품 모두 입출금이 자유롭고 일반 입출금통장 보다는 이자가 쏠쏠한 편입니다. 그래서 파킹통장이 등장하기 전까지 독보적인 인기를 유지했죠. 두 상품은 매일매일 이자를 준다는 공통점이 있지만 뚜렷한 차이도 있으니 각자의 성향에 맞게 골라서 활용하셔야 합니다.

먼저 MMF는 은행에서 손쉽게 가입할 수 있는 펀드 중 하나입니다. 보통 펀드는 원금을 잃을 수 있다는 점에서 '안전'이라는 단어와

거리가 멀 것 같지만, MMF는 비교적 안전합니다. 만기가 얼마 남지 않은 단기 금융 상품 위주로 투자 운용을 하기 때문이죠. 무엇보다 증권사가 어렵게 느껴진다고 하시는 분들이 MMF를 선호합니다. 은행 ATM을 활용할 수 있다는 게 꽤 매력적이거든요.

반면에 CMA는 종합금융사의 종합통장입니다. 체크카드 발급이 가능하다는 이유로 CMA를 선택하는 분들이 꽤 많은데요. 퇴사 후 공백기에는 최대한 안정적으로 자금을 관리해야 하므로 당장 투자는 추천하지 않지만, 추후에 증권사를 통해 투자하게 되면 CMA 통장은 특히 유용하게 활용될 겁니다.

참고로, 금융투자협회 홈페이지에서 '펀드다모아' 메뉴를 활용하면 MMF의 수익률을 일괄 조회할 수 있습니다. 가입하려는 시점 기준으로 나의 성향에 맞는 MMF 상품을 손쉽게 찾아볼 수 있죠. CMA는 포털사이트만 잘 활용해도 비교할 수 있는데요. 포털사이트에 'CMA 금리 비교'라고 검색하면 각 증권사별 CMA 상품의 유형과 수익률을 일괄 조회할 수 있습니다.

하나인 듯 여러 개인, 통장 속의 통장

비상금 관리도 좋지만 좀 귀찮은데? 라는 생각이 드셨다면 소위 말하는 '통장 속의 통장'을 활용해 보시길 추천합니다. 겉보기에는 일반 입출금통장 같지만 앱을 통해 통장을 쪼개서 활용할 수 있습니다. 은행마다 비상금 기능, 금고 기능 등 부르는 명칭도 다양합니다. 그러나 목적은 하나! 통장 하나로 여러 개 통장을 쓰는 것처럼 관리하는 거죠. 게다가 통장 속의 통장을 활용해서 자금을 분리하고 묶어두면 추가 금리를 제공하기도 하니까 이자까지 쏠쏠하게 챙길 수 있습니다.

퇴사 후에 온갖 스트레스로 멘탈이 약해지면 갑자기 돈을 펑펑 쓰고 싶은 충동이 들기도 하는데요. 통장 속의 통장으로 자금을 묶어두면 돈을 함부로 쓸 수도 없어서 이 기능이 특히 유용하게 쓰일 겁니다.

통장 속의 통장은 최근 대부분의 은행에서 입출금통장에 적용하고 있습니다. 카카오뱅크의 세이프박스가 가장 대표적이죠. 은행 앱을 활용해서 통장에 예치된 금액 중 여유 자금은 따로 분리하고, 해당 자금은 출금도 체크카드 사용도 불가능하게 하는 겁니다. 분리된 자금은 2022년 12월 기준으로 연 2.6% 금리가 적용돼서 은행 또는 상품에 따라 파킹통장보다 금리가 더 높은 경우도 있답니다.

비상금 운용 시 꼭 지켜야 할 약속

그런데 사실 퇴사 준비자금을 어디에 넣어뒀느냐보다 더 중요한 한 가지가 있어요. 나와의 약속을 지키는 거죠. 퇴사 준비자금을 나의 급여 300%만큼 모았다고 해도, 급여 200만 원 기준으로 보면 600만 원이라는 꽤 큰 돈이 모이게 되는 거잖아요. 처음에야 의지가 불타서 다른 마음을 품지 않겠지만 이따금 밀려오는 현타와 스트레스는 악마의 속삭임을 들려주기도 한답니다.

이때! 절대 퇴사 준비자금을 '돈'으로 보지 않겠다고 약속합시다. 이 자금은 '돈'이 아니라 우리의 내일을 만들어줄 '연료'예요. 연료 없이는 아무리 좋은 자동차도 얼마 가지 못하고 제자리에 멈추게 된다는 사실, 우리 모두 잘 알고 있죠? 우리를 먼 곳으로 데려가 줄 연료를 낭비하는 분들은 없으리라고 믿어요. 지금 여기서 다 같이 약속해요. 퇴사 준비자금을 돌 보듯이 하기로!

MZ 퇴사러가
퇴사 준비자금을 모으는 법
ⓐ 이색 투자

MZ세대의 재테크 트렌드

비상금을 모으는 이유는 퇴사 후 이직이나 창업을 성공으로 이끌기 전에 공백을 최소화하기 위함이기도 하지만, 궁극적으로는 '경제적 자유'를 얻고 싶다는 갈망 때문입니다. 그런데 MZ세대는 비상금을 모으는 방법도 남다릅니다. 좀더 안정적인 직장 생활, 퇴사 후의 새 출발을 위해서 어떤 방법들을 활용 중인지 이른바 'MZ세대의 재테크 트렌드'를 정리해 봤어요.

가장 먼저 '투자' 얘기를 하지 않을 수가 없겠죠. 국제금융센터가 발표한 「MZ세대가 기대하는 금융의 모습」 보고서에 따르면 현

20·30세대는 재테크에 높은 관심을 보이고 있고 다양한 투자방식의 특징을 갖고 있다고 합니다. 실제로 최근 MZ세대의 과감한 투자가 주식과 암호화폐의 상승장을 주도하기도 했죠. 게다가 MZ세대의, MZ세대에 의한, MZ세대를 위한, 지금까지 볼 수 없었던 새로운 재테크 방법이 시시각각 등장하고 있습니다. 그 중 대표적인 몇 가지를 같이 들여다볼게요.

① 리셀테크

리셀테크란 '되판다'라는 뜻의 리셀Resell과 재테크의 합성어입니다. 한정판이나 명품 등 희소성 있는 상품을 구매한 후 더 많은 가치를 붙여서 되파는 행위를 뜻합니다. 코로나19로 인한 공급 부족, '희소성'이라는 가치에 비용을 지불하는 사람들의 증가 등으로 인해서 리셀테크가 날이 갈수록 활성화되고 있습니다.

리셀테크에서 거래되는 상품은 다양합니다. 전자제품부터 의류, 아이돌 굿즈 등이 대표적인데요. 특히 MZ세대의 명품 소비가 늘어나면서 이례적이지만 백화점이 주도적으로 리셀테크 분위기를 조성하기도 했습니다. 리셀로 판매되는 상품 가격인 '리셀가'가 그야말로 천정부지로 오르고 있으니 너도나도 뛰어드는 상황이 된 겁니다.

리셀테크가 단숨에 떠오른 이유는 명확합니다. 단기간에 높은 수익을 낼 수 있기 때문이죠. 예를 들어 제가 나이키의 한정판 운동화를 구매했다고 가정해 볼게요. 이 운동화를 리셀 전문 사이트에 내놓으면 중개수수료를 제외하더라도, 적게는 4~5만 원에서 많게는 몇십만 원의 수익을 고작 며칠 만에 얻을 수 있습니다. 실제로 버질 아블로Virgil Abloh가 디자인한 '조던1 X 오프화이트 레트로 하이 시카고 더 텐' 운동화는 발매 당시 190달러(한화 22만 원)에 불과했던 285 사이즈가 1,100만 원의 리셀가로 거래되기도 했습니다. 루이비통의 첫 흑인 수석 디자이너이자 오프화이트의 크리에이티브 디렉터인 그의 유작을 소장하려는 이들에게 인기를 얻었기 때문이죠.

또한 전문적인 지식을 요구하지 않습니다. 지금까지는 '재테크'라고 하면 금융 전문지식을 공부해서 상품에 투자하고 이를 통해 소정의 수익을 얻는 방식을 떠올리게 했습니다. 하지만 리셀테크는 이러한 전문지식이 필요 없습니다. 돈이 될 만한 상품을 알아보는 눈과 관심 분야에 대한 정보 정도는 있어야겠지만, 그 허들은 다른 재테크에 비해서 훨씬 낮은 편이죠.

코로나19로 인해서 해외여행이 어려워지자, 사람들은 그 비용으로 지금까지 구매하지 못했던 값비싼 물건을 쇼핑하거나 가치소비를 실현하기 위해서 희소성 있는 상품에 투자하기 시작했습니다. 특히 소비 시장에서 '큰 손'으로 떠오른 MZ세대의 취향을 공유하는 문화가 리셀테크 시장을 키웠다고 볼 수 있습니다.

하지만 어떤 것이든 명암이 존재하기 마련이죠. 리셀테크가 떠오르자 사람들은 희소성 있는 상품을 구매하기 위해서 혈안이 됐습니다. 이른 시간부터 백화점 앞에서 줄을 서는 '오픈런'을 하거나, 제품 출시일에 공식 사이트가 마비되는 등 유례없는 소비를 하기 시작했죠. 이렇다 보니 리셀테크와 관련한 사기 사건이 적지 않게 발생하게 된 건 분명히 어두운 면모라고 볼 수 있습니다.

② 아트테크

아트테크란 유명 작가의 그림이나 디자인 등의 미술 작품을 구매해서 차익을 얻는 투자 방법인데요. MZ세대를 중심으로 예술품을 활용한 아트테크가 급성장하고 있습니다. 예술경영지원센터가 내놓은 「2021년 한국 미술시장 결산 보고서」에 따르면 국내 미술시장 규모는 약 9,223억 원으로 지난해 3,291억 원보다 약 3배가량 늘었다고 합니다.

아트테크가 새로운 투자처로 떠오르면서 미술품 전시와 구매가 함께 이뤄지는 아트페어를 찾는 20·30세대도 급증하고 있습니다. 2021년 국내 최대 아트페어로 꼽히는 한국국제아트페어, 키아프 서울Kiaf SEOUL을 찾은 사람 중 절반 이상은 처음 방문한 신규 고객이었고, 그중 60% 이상은 21~40세였다고 하는데요. 얼마나 많은 MZ세대가 예술 시장을 향하고 있는지를 단적으로 보여주는 데이터라고 생각됩니다.

아트테크가 큰 인기를 끌면서 카드사와 은행 등의 금융사가 미술품 시장에 직접 뛰어드는 모습도 볼 수 있게 되었습니다. 그동안 조각 투자 플랫폼 같은 핀테크 업체들이 아트테크 시장을 주도해 왔다면 이제는 전통 금융사까지 나서서 미술품에 투자하는 '미래의 큰손'들을 공략하는 거죠.

예를 들어 하나은행은 2020년부터 금융과 아트를 결합해 금융권 최초로 PB 고객 영업 채널인 '아레테큐브'를 만들어서 프라이빗 아트뱅킹 서비스를 제공해 왔는데요. 투자자들에게 스터디 자료를 제공하거나 커뮤니티를 통해 교류를 주선하기도 하고, 작품과 작가를 후원하기도 했습니다.

게다가 이제는 인기 작가의 작품을 홈쇼핑에서도 손쉽게 구매할 수 있게 됐습니다. 롯데홈쇼핑에서 판매했던 이슬로 작가의 500만 원대 원화를 포함한 작품 5점은 오픈 동시에 매진된 바가 있고요. 이 외에도 유명 작가들의 작품을 다양한 플랫폼으로 어렵지 않게 사고팔 수 있습니다.

특히 예술에 '디지털'이 접목된 NFT 작품이 등장하면서 아트테크는 날개를 달았습니다. 미술관에 직접 가지 않아도 집에서 클릭 몇 번만으로 작품을 살 수 있고, 유명한 NFT 작품은 삽시간에 시세가 오르기 때문에 재테크 수단의 역할을 톡톡히 한다는 것이 MZ세대가 꼽는 매력 포인트입니다.

다만 장점이 곧 단점이 되기도 하죠. 가격의 급등락이 빠른 편이기 때문에 금세 가치 하락으로 손해를 볼 수도 있는데요. 너도나도 아트테크에 투자하는 분위기에 휩쓸리기보다는 충분한 학습 후 투자에 뛰어드는 것이 좋습니다.

③ 식테크

희귀 식물을 키워서 되파는 '식테크'도 MZ세대 사이에서 떠오르는 재테크 방법입니다. 이파리 한 장으로도 쉽게 시작할 수 있다는 것이 식테크의 가장 큰 장점인데요. 식테크에 활용되는 식물은 대부분 희귀 관엽 식물입니다. 식테크의 대표주자인 '몬스테라 보르시지아나 알보 바리에가타Mostera borsigiana albo variegata'는 잎 한 장에 수백만원을 호가합니다. 엽록소가 결핍되는 흔하지 않은 변이로 인해서 잎사귀에 흰색, 아이보리 색, 노란색, 분홍색 등 여러 색깔과 무늬가 새겨져 있죠.

희귀식물 재테크에 푹 빠진 사람이라는 의미로 '식집사'라는 신조어도 만들어졌는데요. 식테크 시장에서 식집사로 유명한 한 인플루언서는 식테크로 한 달에 적게는 1,500만 원, 많게는 4,000만 원까지도 수입을 벌고 있다고 합니다.

어떻게 식물이 돈이 되는 걸까요? 희귀 식물에 대한 수요가 확실하기 때문이죠. 희귀종은 공급량이 적기 때문에 자연스럽게 가격대도 높게 형성될 수밖에 없습니다. 특히 작물재배업은 1차 산업이라 판매 방법, 매장의 유무에 따라서 비과세 혜택도 최대 10억 원까지 받을 수 있어서 장점이 명확하고요. 주로 스마트스토어에 입점하거나 중고 거래 플랫폼을 활용하는 것이 일반적입니다.

단, '잘' 키워야 하는데 바로 이 '잘'이 어렵습니다. 어렵사리 잎 한 장을 구매해서 대박을 꿈꾸며 키웠지만 수익을 내기도 전에 식물이 죽어버린다면 오히려 마이너스겠죠. 나는 손을 대기만 하면 식물이 죽는다! 하는 '마이너스의 손'이라면 식테크는 애초에 시작하지 않는 것이 좋습니다.

한때 한 드라마로 인해서 '난초 재테크'도 관심을 모았는데요. 좋은 품종의 난초를 들여서 매년 1촉씩 생산하고 판매하는 것이 핵심입니다. 미국, 일본, 중국, 대만 등지에서는 오래전부터 이미 난초 재테크가 일반화돼 있죠. 다만 판매 경로를 확보하는 것 자체가 꽤 어렵기 때문에 쉽게 도전할 만한 분야는 아니라고 합니다.

이러한 식테크는 떠오르는 재테크 방법인 만큼 악용하는 사례도 늘고 있는데요. 저렴한 식물종을 희귀 품종처럼 속여서 판매하거나 약품 처리를 통해서 변색한 잎을 파는 경우도 있으니 주의해야겠습니다.

이외에도 K-POP, 한우, 위스키 등 지금까지 재테크 수단으로는 상상도 할 수 없었던 것들이 MZ세대에게 돈벌이 수단이 되고 있습니다. 투자가 더 이상 단순히 돈을 불려가는 과정이 아닌 하나의 놀이가 되는 거죠. 퇴사 전에 비상금을 모아둬야 해! 라고 생각하면 자칫 숨이 막혀올 수 있지만 MZ세대의 문화를 향유하며 돈도 모은다고 생각하면 그 과정, 꽤 재미있을지도 모릅니다.

MZ 퇴사러가
퇴사 준비자금을 모으는 법
ⓑ 달라진 소비와 이색 저축

재테크는 올바른 소비와 저축에서부터

'재테크=투자'가 당연한 공식처럼 여겨지기도 하지만, 재테크에는 '소비'와 '저축'도 포함됩니다. 퇴사 준비자금을 모으기 위해서는 오히려 투자보다는 아껴 쓰는 소비 습관과 한 푼 두 푼 모아가는 저축이 더 효과적일 수 있죠. 하지만 한 달에 50만 원씩 자동이체를 걸어두고 의무감에서 하는 저축은 금방 현타를 느끼게 합니다. MZ들의 달라진 소비 형태와 재미있게 도전할 수 있는 저축 유형들을 바탕으로, 퇴직 준비자금을 조금이라도 덜 따분하게 모으는 방법을 소개해 보겠습니다.

욜로는 어디에? 달라진 MZ의 소비 트렌드

소비 트렌드가 달라졌습니다. 얼마 전까지만 해도 내일은 없다! 오늘을 즐기자! '욜로'를 외치던 MZ세대에게 가성비와 명품을 동시에 추구하는 혼재된 모습이 나타나고 있습니다. 일각에서 '퍼펙트 스톰Perfect Storm' 얘기가 나올 만큼 경제 상황이 만만치 않게 흘러가면서 소비 성향에도 양극화 현상이 생긴 건데요. 퍼펙트 스톰이란 개별적으로는 위력이 크지 않은 태풍이 다른 자연 현상과 동시에 발생하면서 엄청난 파괴력을 만들어내는 현상을 얘기하는데, 심각한 경제위기를 뜻하기도 합니다. 즉 물가가 고공행진을 하고, 금리 역시 만만치 않게 올라가면서 더는 마음껏 소비하며 '오늘'만을 외칠 수 없게 된 거죠.

'런치플레이션'이라는 신조어도 생겼는데요. 점심을 뜻하는 영단어 런치Lunch와 인플레이션Inflation의 합성어입니다. 점심값이 그만큼 말도 안 되게 올랐다는 뜻입니다. 그래서 직장인들은 허리띠를 졸라매고 있습니다. SNS에서는 점심 식대를 어떻게 아끼고 있는지, 한 끼 식사를 어떻게 하면 초 가성비로 훌륭하게 해결할 수 있는지 등의 팁이 줄지어 공유되고 있고요. 유통업계는 이 같은 소비문화를 반영해 각종 제품과 서비스를 내놓고 있는데 '도시락 구독 서비스'가 대표적입니다. 2,000원대로 한 끼 식사를 해결할 수 있어서 한 푼이라도 아끼고자 하는 직장인들 사이에서 큰 인기입니다.

'무지출 챌린지'도 다시 등장했습니다. 특정 기간 혹은 날짜를 지정해서 지출을 일절 하지 않고 이를 SNS에 인증하는 건데요. 2~3년 전 짠테크 열풍이 불었을 때보다도 훨씬 많은 직장인이 무지출 챌린지에 동참하고 있습니다. 점심시간에 팀원들이 함께 모여서 각자가 며칠 동안 무지출 챌린지를 이어가고 있는지, 얼마를 모았는지를 자랑삼아 얘기하는 조금은 낯선 풍경이 펼쳐지기도 합니다.

무지출 챌린지를 도전할 의사가 있다면, 이 챌린지의 목적부터 제대로 알고 시작하는 것이 좋습니다. 간혹 온라인 커뮤니티를 보면 무지출 챌린지에 도전하는 사람들에 대한 부정적인 시각이 적지 않다는 걸 알 수 있는데요. 챌린지의 성공과 실패 여부에만 관심을 두고, 그 과정의 의미는 무시하며 민폐를 끼치는 이들 때문에 생긴 시각입니다. 자신의 무지출 챌린지를 이어가기 위해서 동료에게 밥과 커피를 얻어먹는 등의 그릇된 행동이 여기에 해당하죠. 무지출 챌린지의 진짜 목적은 '소비 습관을 고치는 것'입니다. 불필요한 소비를 하는 일상에서 벗어나서, 정말 필요한 것에만 돈을 쓰는 소비문화를 흡수하기 위한 도전이라는 걸 기억해야겠죠?

놀이가 된 MZ세대의 저축

MZ세대는 저축도 남다릅니다. MZ세대의 니즈를 충족시키기 위해

'재미'를 느낄 수 있는 펀세이빙 상품들이 점차 많아지고 있는데요. 저축할 때마다 리워드를 지급하는 것부터 게임처럼 스테이지가 나뉘어 있는 것까지 그 모양도 각양각색. 누가누가 더 재미있는 저축 상품을 내놓는가 금융사들이 보이지 않는 기 싸움을 하는 모양새입니다. 대표적인 유형들을 정리해 봤어요.

• 도전형 저축

도전형 저축 상품의 대표주자는 카카오뱅크의 '26주 적금'입니다. 시즌별로 협업하는 브랜드도 다르고 주차 별로 지급하는 리워드도 조금씩 차이가 있어서 재가입률이 높은 편입니다. 카카오뱅크 26주 적금이 생기기 전까지만 해도 저축 상품은 연 단위 가입이 당연했기에, 주 단위로 상품에 가입할 수 있다는 것 자체만으로도 혁신이었죠.

이 상품은 26주 동안 매주 최초 가입금액만큼 자동으로 증액돼서 자동이체가 되는데요. 가입금액은 1천 원, 2천 원, 3천 원, 5천 원, 1만 원 중 자유롭게 선택할 수 있습니다. 주차 별로 우대금리를 받는 재미로 저축을 하다 보면, 어느새 만기가 눈앞에 성큼 다가와 있을 겁니다.

신한은행 '쏠편한 작심3일 적금'도 있습니다. 이미 이름부터 MZ를 위한 적금이죠? 작심삼일에서 벗어나는 게 너무 힘들다면 3일마다 새로운 마음으로 저축을 해보는 거예요. 일주일에 3일, 저축하고 싶은 요일을 설정해두면, 연결해둔 계좌에서 자동이체로 차곡차곡 저축 금액이 쌓여갑니다.

한 번에 10만 원, 50만 원씩 적지 않은 금액을 저축하면 부담을 느끼기 쉬운데요. 소액으로 자주, 그것도 결심이 희미해지기 쉬운 3일마다 저축을 한다면 만기를 꽉 채우고 싶다는 도전 의식이 절로 생길 것 같지 않나요? 저축할 때마다 직관적으로 도장이 쾅! 찍히는 것도 재미 요소 중 하나입니다.

• 게임형 저축

게임하듯 재밌게 저축하는 상품도 있습니다. 대표적인 토스뱅크 '키워봐요 적금'은 추억의 다마고치 게임을 떠올리게 하죠. 한때 다마고치 열심히 했다!하시는 분들은 추억팔이용으로, 다마고치를 경험하지 못한 분들은 귀여운 캐릭터를 키우는 맛으로 저축하게 되는 재미있는 상품입니다.

매주 저축액을 넣을 때마다 캐릭터가 성장하고, 목표로 잡은 기간과 금액을 모두 채우면 성체가 된 캐릭터의 모습도 볼 수 있습니다. 그리고 목돈을 모으다 보면 비상 상황이 생기는 등의 이유로 저축 상품을 해지하는 경우가 많잖아요. 이 상품은 계약 기간 내에 최대 2회까지 일부 금액을 출금할 수 있어서 매력적이더라고요.

토스뱅크에서는 '치킨 적금'도 인기인데요. 저축할 때마다 치킨의 다리, 날개 등 각 부위가 채워지기 때문에 치킨값을 모은다고 생각하며 푼돈 모으기에 좋습니다.

KB국민은행 '꿀적금'은 참참참 게임으로 포인트를 리워드 받으며 재미있게 저축을 할 수 있는 상품입니다. 가입 기간도 100일이라서 단기간 소액저축을 하기에 안성맞춤이죠. 저축할 때마다 돼지저금통과 참참참 게임을 하고, 이기면 포인트가 지급됩니다. 50대 50의 확률이니 꽤 쏠쏠하겠죠?

친구들에게 적금을 추천하고 가입으로 이어지면 1,000포인트부터 최대 50,000포인트까지 받을 수 있는데요. 본인처럼 퇴사 준비 자금을 모으는 친구나 재테크에 관심 있는 친구를 초대해서 함께 저축하는 것도 좋을 것 같습니다.

• 짠테크형 저축

NH농협은행 '샀다고 치고 적금'은 짠순이 짠돌이들에게 짠테크 동기부여를 제대로 하는 적금입니다. 소비 욕구가 들 때마다 은행 어플에 접속해서 사려고 했던 제품에 해당하는 아이콘을 터치하고 저축을 하면, 짠테크도 실천하고 우대금리도 받을 수 있는 재미있는 상품이죠.

커피는 4천 원, 택시는 5천 원, 담배는 1만 원! 미리 아이콘마다 저축할 금액을 설정해두고, 해당 비용을 아낄 때마다 저축하는 건데요. 굴비를 천장에 걸어두고 밥 한 숟가락에 굴비 한 번 쳐다보는 자린고비가 절로 생각나며 피식 웃음이 납니다.

나의 걸음 수에 따라서 우대금리가 제공되는 적금이 있다면 교통비도 아낄 겸 걸어 다니고 싶겠죠. 실제로 KEB하나은행 '도전365 적금'은 하나머니 앱에 스마트폰을 연동하여 걸음 수를 책정하고 이에 따라 금리를 줍니다.

가입일로부터 만기 전월까지 누적된 걸음 수가 350만 보 이상인 경우, 연 최대 1.5%의 우대금리를 받을 수 있습니다. 걷기만큼 좋은 운동이 없다고 하잖아요. 애매한 거리는 걸어서 우대금리도 챙기고 건강도 증진한다면 이보다 더 좋은 짠테크가 있을까요.

이외에도 MZ세대의 소비와 저축 트렌드는 실로 다양하고, 시시각각 그 모습이 바뀌고 있습니다. 나의 성향과 딱 맞는 상품을 잘만 찾는다면 재테크가 놀이가 되는 것도 한순간이죠. 특히 퇴사를 염두하고 있는 우리에게는 투자보다는 소비와 저축에 힘을 싣는 것이 현실적인 방법이니, 다양한 상품을 통해 쨍그랑 한 푼 쨍그랑 두 푼의 소중함을 다시 한번 느껴 봅시다.

MZ 퇴사러가
퇴사 준비자금을 모으는 법
ⓒ 맞춤형 자산관리

개인 맞춤형 재테크의 시대

혹시 은행 지점에 마지막으로 방문한 게 언제인가요? 요즘이야 지점에 직접 방문할 일이 많이 줄었지만, 불과 5~6년 전까지만 해도 대부분의 금융 업무는 지점에서 대면으로 이뤄졌습니다. 은행은 전반적으로 깔끔한 편이나 그중에서도 유독 고급스럽고 범접할 수 없는 아우라를 내뿜는 문이 하나 있으니, 바로 PB실입니다. 은행마다 부르는 명칭은 조금씩 다르지만 소위 말하는 VIP들을 위한 공간이라는 건 들어가 보지 않아도 알 수 있죠.

"VIP들은 은행원들이 돈 관리도 다 알아서 해주는구나…!"하며 부러워하다가 실제 은행원이 되고 나서는 더 거리감을 느끼게 됐습니다. 전담 직원들이 얼마나 세부적인 관리까지 해주는지 알게 되자 현실감조차 없어졌죠. 은행에서 VIP들을 관리하는 원칙의 핵심은 '알아서 다 해주는 것'인데요. 그래서 VIP 고객들이 일일이 신경 쓰지 않아도 자산 규모나 성향을 정확하게 파악해서 안성맞춤의 플랜을 제시하는 것이 전담 직원들의 주 임무였습니다.

그런데 이제는 MZ세대 중 상당수가 은행 VIP처럼 개인 자산관리를 받고 있습니다. 2022년부터 본격적으로 내 손 안의 비서 '마이데이터'가 활성화되면서 편리함과 프리미엄이 혼연일체 된 '편리미엄'이 MZ세대 재테크의 특성 중 하나가 된 겁니다. 마이데이터는 전 금융권의 정보를 고객의 동의하에 수집하여 개인 맞춤형으로 한 곳의 은행 혹은 증권사에서 다 알아서 해주겠다는 것이 골자죠. 마다할 이유가 없습니다.

비단 이 같은 변화는 일부 은행에서 반짝 시도했다가 포기할 움직임이 아닙니다. 한 시중 은행은 2022년도 초, 「대한민국 디지털 자산관리 보고서」를 발간하면서 핵심 키워드를 '초개인화'로 꼽았습니다. 앞으로는 개인 맞춤형 자산관리가 재테크의 핵심이 될 것이고 그 중심에는 MZ세대가 있다는 것이 그 보고서의 주내용이었죠. 실제로 이미 MZ세대 대부분이 자신에게 딱 맞는 맞춤형 재테크 솔루션을 바탕으로 자산관리를 하고 있습니다.

고객님의 비서! 꼭 하고 싶습니다!

상황이 이렇다 보니 각 금융사는 고객 맞춤형, 특히 MZ를 타겟으로 한 마이데이터 서비스를 차별화하기 위해서 다양한 방식을 선보이고 있습니다. 각 은행의 맞춤형 서비스, 어떤 것들이 있는지 간단하게 살펴볼게요.

국민은행은 'KB스타뱅킹' 앱을 통해 'KB마이데이터' 서비스를 제공하고 있습니다. 연령대와 자산 규모, 지역과 직업 등에 따라 다른 사람들의 포트폴리오를 확인할 수 있고, 전문가로부터 내 상황에 맞는 제안서도 추천받아 볼 수 있는데요. '머니크루'라는 서비스를 활용하면 연령, 자산 규모 등의 기준으로 정리된 타인의 금융 포트폴리오를 통해 그들의 투자 현황과 자산 증감률까지 엿볼 수 있습니다. 또한 댓글과 좋아요를 누르는 기능으로 소통도 가능하죠.

MZ세대 고객들로부터 재미있다는 반응을 끌어낸 것 중 하나는 '세뱃돈 관리팁' 서비스였는데요. 사회초년생이 명절 이후에 발생한 여윳돈을 관리할 수 있는 팁을 제공하는 서비스입니다. 자연스럽게 주택청약부터 적금까지 금융 상품을 추천하고, 연령별 인기 많은 금융 상품을 소개합니다.

기업은행은 정통 PB실의 문턱을 낮췄습니다. 최근 Young Star PB

를 뽑은 것인데요. 지금까지의 PB실은 막대한 부를 이룬 중년 이상의 고객들을 대상으로 팀장급 이상의 직원이 응대하는 곳으로 여겨졌죠. 하지만 MZ세대에 속한 직원들을 PB 담당 직원으로 뽑아서 MZ세대 고객들의 맞춤형 자산관리에 좀더 힘을 쏟겠다는 포부를 드러낸 겁니다.

또한 금융 데이터 분석 업체와 제휴를 맺고 'i-ONE 자산관리' 서비스를 출시해 금융기관의 거래 알림을 모아볼 수 있는 '금융거래 모두 알림' 서비스도 제공하고 있습니다. 이 서비스는 문자와 금융 앱, 카카오톡으로 받는 금융 알림을 모아 실시간 팝업으로 제공하는데요. 이를 통해 고객의 지출을 관리해주는 기능을 점차 강화할 예정이라고 합니다.

신한은행의 마이데이터 서비스 이름은 '머니버스'. 크게 3가지 영역으로 구성돼 있는데요. 전 금융사의 상품 데이터를 기반으로 한 검색 영역인 '찾아드림' 서비스, 등록한 마이데이터 기반의 개인화 분석 영역인 '골라드림' 서비스, 흥미로운 주제 관련 정보를 제공하는 '알려드림' 서비스가 그것입니다.

특히 고객의 관심사에 따라서 공모주나 아파트 청약 일정을 관리해주는 캘린더부터 현재 상황에 금리가 가장 높은 예·적금 추천 등 소소하지만 맞춤형으로 서비스를 제공하며 MZ 고객들로부터 만족도를 끌어내고 있는데요. 급여통장도 연결해두면 급여가 들어오는 순간부터 각종 세금, 공과금 등이 빠져나가는 날짜까지 일목요연하게 보여주기 때문에 가계부 역할까지도 해내고 있는 것 같습니다.

우리은행의 '우리 마이데이터'도 특색있는 맞춤형 서비스를 선보이고 있습니다. 그중에서도 결혼, 출산, 자동차, 주택, 조기 은퇴 등 8가지 상황에 맞게 내 자산의 변화를 예측해볼 수 있는 '미래의 나' 서비스가 가장 큰 주목을 받고 있습니다. 입출금 데이터 분석으로 훗날의 자산을 예상할 수 있는 건데요. 소비 패턴을 통해 과소비 여부도 확인할 수 있기 때문에 아직 소비 습관이 잡혀 있지 않은 사회 초년생들에게 도움이 되겠죠.

'고수의 랭킹' 서비스에서는 같은 은행을 사용하는 고객 중에서 투자, 소비 분야의 재테크 고수들의 순위를 익명의 랭킹 서비스로 제공하고 그들의 정보를 공유할 수 있도록 하고 있습니다. 미리 '나'의 정보를 입력해두었기 때문에 관심사가 비슷한 고객들의 팁을 손쉽게 얻을 수 있다는 데에서 편리함을 더한 것으로 보이네요.

하나은행은 '하나합'을 통해 마이데이터 서비스를 제공하고 있습니다. 하나합에서는 보유 자산을 취합해 자산 증감에 대해 분석하고, 다른 사람들과의 비교 데이터를 보여주는데요. 자신의 자산관리 스타일을 진단해 잔돈 투자 등 자산 축적 관련 방법을 제시해줍니다. 또한 최적의 맞춤형 자산관리 정보와 함께 금융시장의 동향까지 제공합니다.

'또래들의 금융라이프' 기능도 신설됐습니다. 비슷한 연령대의 사용자가 가입한 예·적금 상품 정보를 제공하는 것이죠. '주식Talk 톡'에서는 투자 고수가 보유하거나 매매한 주식 정보를 확인할 수 있어 자신의 투자에 참고할 수 있습니다.

발맞춰 변화하는 보험 업계

시간이 갈수록 보험의 종류가 다양해지고 있지만, 나에게 딱 맞는 보험 상품을 찾는다는 건 쉽지 않은 일입니다. 가족력이나 직업 등에 따라서 염려되는 신체 부위는 개인마다 다를 수밖에 없잖아요. 이런 특징 때문에 MZ세대에게서는 부모님이 가입해준 보험이 '불필요하다'라며 해지하는 사례가 적지 않게 보입니다.

최근 보험 업계는 이런 트렌드에 발맞춰 DIY 보험을 내놓고 있는데요. DB생명의 '(무)백년친구 간편한 내가 고른 건강보험', 하나생명의 '(무)손 안에 골라담는 건강보험', 흥국생명의 '(무)암SoGood 암보험' 등이 여기에 해당합니다. 고객이 스스로 맞춤형 설계를 할 수 있는 상품도 있어요. 삼성화재 다이렉트의 '스마트맞춤 보장보험'이 대표적입니다. 고객의 모든 보험사 가입 내역을 점검해서 부족한 보장만 선택해서 가입할 수 있습니다.

보험 상품의 몸집도 눈에 띄게 줄었습니다. 보험사들이 과거에 10만 원을 훌쩍 넘겼던 암보험에서 탈피하여 보장 기간이 1개월이라 저렴한 보험 등 다양한 미니 보험을 출시하고 있는 건데요. MZ세대가 불필요한 보장은 일절 빼고 필요한 보장만 선호하고 있는 만큼 1만 원대 소액 단기 보험이 경쟁력이 있다고 판단한 것 같습니다.

심지어 매달 내는 보험료가 1천 원도 안 되는 상품도 등장했습니다. 롯데 손해보험에서 내놓은, 30세 남성이 가입했을 때 기준으로 월 660원의 보험료만 납부하면 되는 미니 암보험 상품인데요. 별도의 대면 상담이나 전화 상담도 필요 없습니다. MZ세대 상당수가 카카오톡과 같은 메신저에 익숙해져서 콜 포비아를 가진 만큼 전화 상담조차 필요 없다는 점이 큰 호응을 얻었다고 합니다.

그중에서도 하루짜리 미니보험이 눈에 띕니다. 자전거를 타고 한강 라이딩을 하는 오늘은 자전거 보험, 차박을 가는 내일은 자동차 보험. 하루가 다르게 새로운 것을 시도하는 MZ세대의 라이프스타일과 잘 맞아떨어지는 모습이죠. 심지어는 아메리카노를 선물하듯이 미니 보험을 카카오톡으로 선물할 수도 있습니다. MZ세대의 삶에 맞춘 보험 업계의 변화를 여러 방면에서 확인할 수 있는 요즘입니다.

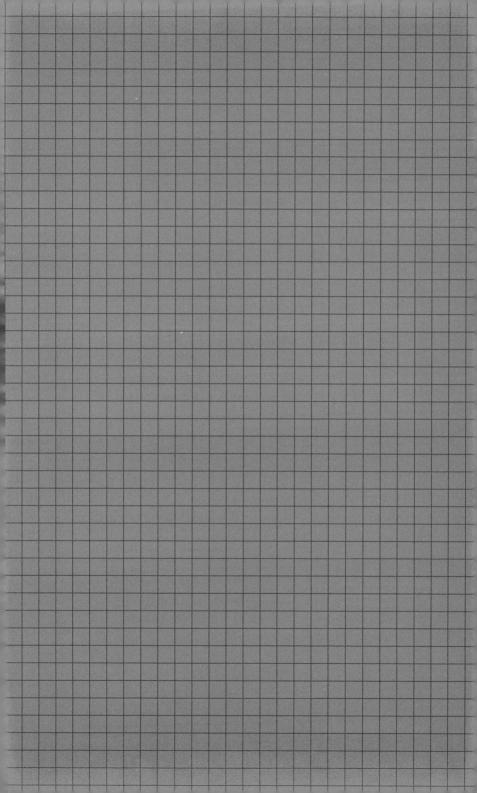

퇴사 후 마주한 세상

이것만은 제발
배우고 나오세요

직장생활을 해본 자와 안 해본 자

퇴사 후 우리를 기다리고 있는 건 수많은 갈림길입니다. 다른 직장으로의 이직, 오롯이 나의 능력을 발휘할 수 있는 프리랜서, 본격적으로 아이디어를 펼칠 수 있는 창업. 이 외에도 다시 공부의 길을 걷거나 잠시 쉼표를 찍기 위해서 휴식을 취할 수도 있을 겁니다. 하지만 앞으로 어떤 형태로든 '일'을 지속해 나갈 거라면 재직 중인 회사에서 배울 수 있는 것은 최대한 체득한 후에 박차고 나오는 것이 좋습니다. 이 지긋지긋한 회사에서 대체 뭘 배우냐고요? 제가 프리랜서가 된 뒤에 겪었던 이야기를 들려드릴게요.

"희애님은 어쩜 이렇게 시간 준수를 잘해주세요? 너무 감사해요!"

프리랜서가 되고 나서 예상치도 못한 칭찬으로 얼떨떨했던 적이 있습니다. 시간 약속을 철저하게 지키는 건 사람과 사람 간에 당연한 매너이고 업무에서도 다르지 않다고 생각했는데, 이걸 잘 수행했다고 대단한 사람인 것처럼 박수받게 되다뇨. 한편으로는 그저 저를 치켜세워 주기 위한 아이스 브레이킹용 멘트일 거라고 치부한 적도 있었습니다. 어느 날, 한 홍보대행사 담당자와의 대화에서 의문이 들었던 칭찬에 대한 실마리가 풀리기 전까지는 말이죠.

"직장 생활을 경험하신 분과 아닌 분의 차이가 꽤 커요." 웬 꼰대 같은 소리인가, 생각했지만 자세히 들어 보니 이런 말이 나온 근거는 꽤 그럴듯했습니다. 프리랜서나 사업가 중 직장 생활 경험이 아예 없는 사람들이 꽤 많은데, 신기하게도 시간 약속을 잘 어기거나 비즈니스 소통에서 아쉬움이 드는 이들 대부분이 여기에 속한다는 겁니다. 그렇다고 반대로 직장 생활을 해본 적 없는 사람은 시간 약속을 잘 어겨! 라고 지나친 일반화를 하면 안 되겠죠. 하지만 무시할 수 없는 정도의 공통분모가 있는 건 확실했어요. 묘하게 설득이 되던 그 순간, 함께 협업할 때 지각을 아무렇지도 않게 하며 미간을 찌푸리게 했던 이들의 얼굴이 파노라마처럼 지나갔습니다.

내가 몸담고 있던 직장의 영향을 받고 그곳에서 내가 해왔던 업무 방식이나 습관들이 몸에 배는 것은 당연할지도 모릅니다. 출퇴근 시간 준수는 물론이고 미팅 때는 30분 일찍 준비하던 습관, 정확한 정보를 전하기 위해서 메일을 작성할 때마다 내용을 읽고 또 읽으면서 수정을 반복하던 습관 등이 저도 모르게 저에게 스며든 것처럼요. 때로는 "이놈의 회사가 나한테 해준 게 뭐가 있다고!" 하면서 원망하기도 했지만, 보이지 않아도 전 직장의 흔적들은 저의 장점이 됐습니다.

회사에서 공짜로 알려주는 사회생활의 정석

퇴사를 꿈꾸고 있는 퇴준생이라면 회사 문을 박차고 나오기 전에, 이것만은 갖추고 나오라고 당부드리고 싶은 세 가지가 있어요. 언젠가 여러분과 다른 이들의 한 끗 차이를 만들어줄 요소가 될지도 모르니까 잘 기억해두면 좋겠죠?

하나. 시간 엄수. 혹시 대학교 1학년 시절 기억나시나요? 대학교에 다니는 4년 중에서 유독 지각도 거의 하지 않고, 꼬박꼬박 출석했던 시기가 바로 이때잖아요. 1학년 1학기, 그중에서도 아직 찬 바람이 불던 3월. 고등학생 때 습관이 몸에 배어 있어서 칼 같은 시간 엄수가 당연했던 것 같아요. 직장을 다닐 때도 저는 늘 정해진 시간보다 20~30분 일찍 출근하고, 미팅 장소에 먼저 나가서 상대방을 기다렸습니다.

사람과 사람 사이의 신뢰는 정말 사소한 것으로 쌓이는 거잖아요. 나의 모든 언행이 나의 이미지와 크게는 브랜딩에까지 영향을 끼친다고 생각하면 어느 것 하나 소홀히 할 수 없어요. 회사에서는 지각하면 눈치를 주는 상사가 있지만, 퇴사하면 누구도 나를 감시하지 않습니다. 내가 나를 감시한다는 생각으로 일찍부터 시간 엄수 습관을 들이길 추천해요.

둘. 메일 작성. 요즘은 직접 만나서 비즈니스 소통을 하기보다는 메신저나 메일을 통하는 경우가 많죠. 저 역시 대부분의 제안을 메일로 받고 있는데요. 이때 비슷한 내용의 제안이라도 요점만 명확하고 깔끔하게 쓰인 메일을 받으면 내용을 좀더 눈여겨보게 되는 경향이 있습니다. 반면 비즈니스 메일을 친구와 메신저 주고받듯 구구절절, 요점은 온데간데없이 작성해서 보내는 경우도 있죠. 이런 경우에는 협업 성사로 이뤄지지 않는 경우가 꽤 많습니다. 이미 첫인상에서 마이너스가 돼 버렸으니까요.

회사 내에서 메일을 주고받을 때는 업무 관계자인 상대방이 메일을 통해 정확한 정보를 얻을 수 있도록 기승전결이 명확하게, 요점이 한눈에 들어오게 작성하는 것이 일반적입니다. 통상적으로 사용하는 포맷이 정해져 있기도 하고요. 마지막 직장이었던 공기업에서는 일시 등을 전달할 때 표로 정리하기를 권장하기도 했는데요. 막상 사회에 혼자 덩그러니 나와 보면 이런 사소한 업무 스킬을 알려주는 곳은 어디에도 없습니다. 그러니 회사에서 한 번 제대로 배워두면 회사 밖에서도 두고두고 '일 잘한다!' 소리를 듣게 해주는 사소하지만 강력한 힘이 될 거예요.

셋. 질문하는 태도. "모르는 건 그때그때 물어보세요. 아시겠죠?" 회사 다닐 때는 노이로제처럼 들리던 이 말. 회사 밖에 나와 보니 질문이 얼마나 큰 힘인지 알게 됐습니다. 신입사원 때는 아는 것이 별로 없으니 선배 직원이 A로 지시한 걸 B로 해놓기도 하고, 그야말로 내 멋대로 일을 할 때도 많은데요. 이때 끙끙 거리며 혼자 해결하기보다는 선배 직원에게 질문하면 잘 가고 있는지 방향성을 점검할 수도 있고, 때로는 업무 노하우를 배울 수도 있습니다.

질문하는 태도는 프리랜서인 저에게도 어김없이 도움이 됩니다. "혹시 그 부분 다시 설명해주실 수 있을까요?" 조금이라도 의문이 드는 부분이 있다면 질문하고, 제가 생각한 바가 맞는지 확인하는 절차를 거치면 업무의 완성도를 높일 수 있죠. 실제로 이렇게 질문하고 확인하는 과정에서 서로가 다른 방향성으로 얘기하고 있었다는 걸 깨닫는 경우도 꽤 많기 때문에, 정말 필요한 절차입니다. 주저하지 말고 물어보세요! 눈앞에 업무를 해결할 수도 있지만, 질문이 습관화되면 사소한 실수도 놓치지 않는 프로다운 모습을 갖출 수 있으니까요.

5 — ②
띵동! 실업급여가 입금되었습니다!

자발적 퇴사도 실업급여를 받을 수 있다?

드디어 이 얘기를 하게 되네요. 2019년 마지막 직장 퇴사를 앞두고, 마음속에는 설렘과 도전 의식이 가득 차 있으면서도 불안한 감정이 자꾸만 밖으로 튀어나오려고 안간힘을 썼습니다. 혹시나 하는 마음에 검색 창에 '실업급여' 네 글자를 검색했는데요. 이 정도면 돈을 주지 않겠다는 건가 하는 의구심이 들 정도로 규정이 복잡했어요. 그래도 혹시나 하는 마음에 자그마한 글씨로 쓰인 규정까지 단숨에 읽어 내려갔습니다. 마침내 '실업급여, 나도 받을 수 있다!'라는 결론을 내리고 인터넷 창을 닫았습니다. 손끝이 시린 겨울날에 기쁜 마음으로 얼굴이 발갛게 달아올랐던 기억이 생생하네요.

결론적으로 저는 실업급여를 수령했습니다. 어? 그럼 공기업에서 퇴사를 '당한 것'이었냐고요? 아니요. 제 발로 걸어나왔고 정당하게 실업급여를 수령했습니다. 저 역시 실업급여는 퇴사를 '당한' 사람들이 받는 거라고 알고 있었는데요. 학창 시절에 교과서 구석에 있는 작은 글씨를 시험문제로 출제하는 선생님들에 대비하던 가닥이 여기서 빛을 발했습니다. '자발적인 퇴사'를 한 사람에 대한 예외 규정을 찾아낸 거죠.

실업급여란?

우리 먼저 '실업급여'가 정확하게 무엇인지 짚고 가죠. 실업급여란 고용보험에 가입한 근로자가 재취업 활동을 할 때 '소정의 급여'를 지급함으로써, 재취업 기회를 지원하는 제도인데요. 직장 생활을 하면서 월급명세서에 고용보험료가 매달 꼬박꼬박 찍혀있는 걸 보면서 '대체 이건 뭐야?'라고 생각하신 분들 많으시죠? 쥐꼬리만 한 월급에서 잊지도 않고 매달 떼어가는 것이 야속했는데, 그동안 그렇게 고용보험료를 쌓아둔 덕분에 퇴사 후에 실업급여 혜택을 누릴 수 있게 되는 겁니다.

실업급여의 종류는 크게 두 가지로 나눌 수 있습니다. '구직급여'

와 '취업 촉진 수당'인데요. 이 두 가지 중에서 퇴사 후 이직 준비를 위해 지원받는 급여는 '구직급여'로, 우리가 흔히 실업급여라고 부르는 것이 여기에 해당합니다. 그러니 우리는 구직급여 중심으로 얘기를 해볼 겁니다.

구직급여 수급 요건

당연한 얘기지만 아무나 주지 않습니다. 특히 최근에는 퇴사하는 사람들이 많아지면서 실업급여를 부정으로 수급하는 사례가 적지 않게 적발되어 심사를 까다롭게 하는 편입니다. 고용보험법 제40조에 따르면 구직급여를 수령하기 위해서는 네 가지 조건을 충족해야하는데요.

첫째. 이직일 이전 18개월간 피보험 단위 기간이 통산하여 180일 이상일 것

둘째. 근로의 의사와 능력이 있음에도 불구하고 취업하지 못한 상태에 있을 것

셋째. 재취업을 위한 노력을 적극적으로 할 것

넷째. 이직사유가 비자발적인 사유일 것

말이 좀 어렵죠? 하나씩 풀어볼게요. 첫째 요건에서 '이직일'은 회사를 떠난 날을 의미합니다. 퇴사한 날이라고 생각하면 됩니다. '피보험 단위 기간을 통산하여'라는 말에서 '피보험 단위 기간'은 고용보험법 제41조에서 '피보험기간 중 보수 지급의 기초가 된 날을 합산하여 계산한다'라고 규정하고 있습니다. 즉 퇴사하기 전 18개월간 무급휴일, 무단결근일 등을 다 제외하고 임금을 받는 기간을 모두 합쳤을 때 '180일 이상'이어야 한다는 것이죠.

둘째 요건은 일하고자 하는 의사가 있고 능력이 있음에도 불구하고 회사에 소속돼 일하고 있지 않은 상태임을 얘기합니다. 어디에도 소속되어 있지 않은 채로 이직 준비를 하는 사람이 이 조건에 부합하겠죠. 셋째 요건에 '취업을 위한 노력을 적극적으로 할 것'은 구직급여를 받는 기간 동안 취업 준비를 하고 있다는 내용을 증빙하라는 얘기입니다. 회사 지원서나 자격증 시험에 응시한 증거 자료들을 제출할 수 있겠죠.

저는 다음 넷째 요건 때문에 당연히 실업급여는 받을 수 없다고 생각했는데요. 원칙적으로는 자발적으로 퇴사를 한 사람은 실업급여를 받을 수 없는 것이 맞습니다. 그런데! 스스로 사직서를 제출했더라도 '이직이 불가피했다'라고 판단될 때는 구직급여를 받을 수가 있답니다. 그럼 실업급여를 받을 수 있는 예외 조항들을 바로 알아볼게요.

구직급여 예외 조항

첫째. 다음 다섯 가지에 해당하는 사유가 이직일 전 1년 이내에 2개월 이상 발생한 경우

① 실제 근로조건이 채용 시에 제시된 근로조건이나 채용 후 일반적으로 적용받던 근로조건보다 낮아지게 된 경우

② 임금체불이 있는 경우

③ 소정 근로에 대하여 지급받은 임금이 최저임금법에 따른 최저임금에 미달하게 된 경우

④ 근로기준법 제53조에 따른 연장근로의 제한을 위반한 경우

⑤ 사업장의 휴업으로 휴업 전 평균임금의 70% 미만을 지급받은 경우

간혹 회사에서 임금을 늦게 받는 일이 있었다거나, 근로 계약할 때와 달라진 처우를 받았다는 고민 상담 글을 받곤 하는데요. 이런 경우에는 그냥 넘기지 마시고 정당하게 맞서거나 혹은 자발적인 퇴사를 하되, 구직급여를 인정받아서 그걸 발판으로 이직을 차근차근 준비해 보면 좋을 것 같아요. 위와 같은 이유의 자발적 퇴사는 수급 자격으로 인정한다는 조항이 있으니까요.

둘째. (직장 내 괴롭힘 관련) 사업장에서 본인의 의사에 반하여 성희롱, 성

폭력, 그 밖의 성적인 괴롭힘을 당한 경우 혹은 근로기준법 제76조의 2*에 따른 직장 내 괴롭힘을 당한 경우

요즘 직장 내 괴롭힘 방지법이 존재할 만큼 직장 내에서의 괴롭힘이 무시할 수 없는 문제로 대두되고 있습니다. 실제로 이직 사유 중 '사람 문제' '동료 관계'가 상위 5위 안에 꼽힐 만큼, 많은 직장인에게 민감한 사안입니다. 구직급여를 받을 수 있는 예외 조항에 이 내용이 포함된 것도 마찬가지의 이유겠죠. 직장 내 괴롭힘으로 자발적인 퇴사 후 구직급여를 받기 위해서는 '증거 수집'이 굉장히 중요합니다. 최근에는 이러한 직장 내 괴롭힘에 대비하기 위해서, 나를 지키기 위해서 사원증 형태의 녹음기도 등장했다고 해요. 나를 지킬 수 있는 것은 결국 나 자신이기 때문에 힘든 상황에 처해 있을수록 차근차근 준비해야 합니다.

셋째. (통근이 곤란한 경우) *다음 중 어느 하나에 해당하는 사유로 통근이 곤란하게 된 경우*
① *사업장의 이전*

---

* 제76조의2(직장 내 괴롭힘의 금지) 사용자 또는 근로자는 직장에서의 지위 또는 관계 등의 우위를 이용하여 업무상 적정범위를 넘어 다른 근로자에게 신체적·정신적 고통을 주거나 근무환경을 악화시키는 행위를 하여서는 아니 된다.

② 지역을 달리하는 사업장으로의 전근

③ 배우자나 부양하여야 할 친족과의 동거를 위한 거소 이전

④ 그밖에 피할 수 없는 사유로 통근이 곤란한 경우

갑작스럽게 회사가 이전하거나 근무지가 거주지와 상당히 멀어져서 통근할 수 없어지는 등, 구직급여 예외 조항에서는 이처럼 통근이 곤란한 경우를 인정하고 있습니다. 단, 이 경우에는 단순히 '아너무 멀어서 힘들어!' 같은 주관적인 관점이 아니라, 통근 시에 이용할 수 있는 통상의 교통수단으로 왕복 3시간 이상인 경우에 한해서 인정합니다. 가령 거주지가 부산인데 근무지가 원치 않게 인천으로 옮겨졌다면, 통근이 곤란하겠죠. 이 외에 가족의 질병이나 부상, 본인의 심신장애, 기타의 사유 등 여러 방면의 자발적 퇴사도 구직급여를 인정하고 있습니다.

구직급여 수령 금액

그럼 대체 얼마를 주는지가 궁금해지겠죠. 구직급여 지급액은 딱! 정해져 있습니다. 본인이 언제 퇴사했는가, 그리고 퇴직 전 평균임금이 얼마인가. 이 두 가지 요소가 지급액을 결정하는데요.

구직급여 지급액은 퇴직 전 본인 평균임금의 60%에 소정급여일

수*를 곱한 값으로 결정됩니다. 단, 상한액과 하한액이 정해져 있어요. 상한액은 이직일이 2019년 1월 이후인 사람은 하루에 6만 6천 원, 2019년 이전에 퇴사했다면 2018년 1월 기준 6만 원, 2017년 4월 기준 5만 원 등 상이한 금액을 적용받습니다. 하한액은 퇴직 당시 최저임금법상 시간급 최저임금의 80%에 1일 소정근로시간인 8시간을 곱한 값으로 적용받게 됩니다. 2023년 1월 이후에 퇴사하신 분들의 하한액은 6만 1,568원이겠죠.

소정급여일수도 본인이 퇴사한 날짜가 언제인지, 그리고 본인의 연령이 어떻게 되는지에 따라서 달라져요. 아래의 표를 참고해 주세요. 가령 1년 6개월 근무 후 퇴사하는 27세 김대리의 이직일이 2019년도 10월 1일 이후라면 150일 동안 구직급여를 받을 수 있겠네요. 단! 주의하실 것은 구직급여는 최종 이직일로부터 12개월 이내에 신청해야 혜택을 받으실 수 있습니다. 반드시 12개월이 지나기 전에 신청하셔서 본인의 권리를 챙기세요.

구직급여의 소정급여일수

이직일 2019. 10. 01 이후

연령 및 가입기간	1년 미만	1년 이상 3년 미만	3년 이상 5년 미만	5년 이상 10년 미만	10년 이상
50세 미만	120일	150일	180일	210일	240일
50세 이상 및 장애인	120일	180일	210일	240일	270일

출처: 고용보험 홈페이지

퇴사는 괜찮아,
방법이 문제지

퇴사 후에 비빌 언덕
ⓐ 이직 편

새로운 시작을 앞둔 이들에게 필요한 것

누구나 맨땅에 헤딩하면 아픕니다. 심하면 다치기도 하겠죠. 퇴사 후에 이직이 확정된 것도 아니고, 프리랜서나 창업으로 새로운 길을 걸어가려고 해도 당장 통장에 수입이 들어오지 않으니 마음은 조급해져 갑니다. 이럴 때 땅 위에 약간의 쿠션이라도 깔려 있으면 조금이나마 덜 아프고, 오히려 동력을 받아서 더 빠르게 일어날 수 있지 않을까요? 의외로 퇴사 후 우리가 비벼볼 언덕은 적지 않습니다.

저 역시 마지막 직장을 퇴사하고 프리랜서가 되겠다고 덤볐을 때,

아무것도 없는 맨땅에 머리를 갖다 대는 것이 두려웠습니다. 그때 제 눈에 들어온 것은 한 대형 카드사의 크리에이터 활동이었습니다. 매달 소정의 활동비를 받고 카드사의 서비스나 상품을 홍보하는 활동이었는데, 쉽게 말해 서포터즈 같은 것이었습니다. 소액이었지만 '벌이'를 하고 있다는 것은 큰 위안이 되었죠.

유튜브 채널에서 늘 강조하는 바입니다만, 청년 지원금을 비롯한 정부나 지자체, 기업을 통해 공짜 돈을 얻는 것은 마냥 쉬운 일은 아닙니다. 하지만 자본주의 사회에서 남의 돈을 공짜로 받기가 쉽다면 그게 더 이상하고 한 번쯤 의심해봐야 하겠죠. 퇴사 후에 새로운 도전을 하는 과정에서 다른 이로부터 도움의 손길을 받는 것은 적지 않은 위로가 됩니다. 더 멀리 갈 수 있는 동력을 얻게 되는 셈이죠. 먼저 퇴사 후 이직의 길에서 비빌 언덕이 되어 줄 제도들을 소개해 드리겠습니다.

이직자들을 위한 제도

하나. 국민취업지원제도. 취업 지원 서비스를 종합적으로 제공하고, 저소득층 구직자에게는 지원금도 지급하는 제도입니다. 국민취업지원제도는 1유형, 2유형으로 나눠서 지원할 수 있는데요. 1유형과

2유형 참여자 모두 취업 지원 서비스를 받을 수 있습니다. 고용센터 담당자와 함께 심층 상담을 진행하고 취업에 필요한 직업훈련도 지원합니다. 필요에 따라서는 취업 알선도 해준다고 합니다.

이 중에서 1유형 참여자는 구직촉진 수당도 지원받을 수 있는데요. 월 50만 원씩 6개월간 최대 300만 원까지 지원받을 수 있습니다.

국민취업지원제도의 대상 연령은 만 15세에서 69세 이하입니다. 나이 제한이 거의 없다시피 존재하기 때문에 많은 분이 혜택을 받을 수 있겠죠.

참여자의 소득과 재산 등에 따라서 유형이 나뉘게 되는데요. 1유형은 요건심사형과 선발형으로 구성됩니다. 요건심사형은 15~69세 구직자 중 가구 단위 기준 중위소득 60% 이하이면서 가구 재산이 4억 이하인 자(동시 충족)로서 취업 경험이 있는 자가 대상이고요. 선발형의 기준은 요건심사형 중 취업 경험이 미충족하고, 가구 기준 재산합계액이 5억 원 이하이며 중위소득 120% 이하인 자입니다. 2유형은 1유형에 해당하지 않는 청년층, 100% 이하 중장년층, 결혼이민자 등 특정 계층이 대상입니다.

국민취업지원제도의 신청 방법은 거주지 관할 고용센터에 방문하거나 워크넷 홈페이지를 통해서 신청할 수 있습니다. 지금 바로 국민취업지원제도를 검색해보세요!

둘. 국민내일배움카드. 실업, 재직, 자영업 여부와 관계없이 발급하여 일정 금액의 훈련비를 지원함으로써 국민이 직업능력개발훈련에 참여할 수 있도록 하는 제도입니다. 직업능력개발훈련 이력을 종합적으로 관리할 수 있는 제도라고 생각하시면 돼요. 1인당 300만 원에서 500만 원의 한도로 지원됩니다.

쉽게 말해 여러분이 이직 준비를 할 때 필요한 학원 수업이나 온라인 교육의 해당 수강료를 바로 이 내일배움카드로 지원받을 수 있는 건데요. 적게는 45%, 많게는 85%까지 지원받을 수 있습니다. 소득에 따라서 별도의 지원금을 추가로 받을 수도 있다고 합니다.

국민내일배움카드의 신청 나이 제한은 거의 없다고 보면 됩니다. 만 75세 이하라면 신청할 수 있고요. 대상은 실업자, 근로자, 특수형태 근로종사자, 자영업자 등입니다. 단, 소득이 연 매출 1억 5천만 원 이상의 자영업자이거나 월 임금 300만 원 이상인 대기업 근로자의 경우에는 신청이 제한됩니다.

신청 방법은 워크넷에 가입하여 교육 동영상을 시청하고 훈련과정 탐색 후 계좌 발급을 받으시면 되는데요. 먼저 관할 고용센터에 방문하셔서 자세한 상담을 받아보시는 걸 추천합니다.

셋. K-Move스쿨. 해외 취업과 해외 진출을 중점적으로 지원하는 사업입니다. 해외로 나가서 커리어를 쌓고 싶었던 분들이 활용하면 좋을 것 같은데요. 현지 실무 교육으로 어학, 현장실습 및 기타 교육을 제공하고, 전문 직무인 IT, 경영사무, 의료 등의 다양한 교육을 진행합니다. 대학 과정에서는 지원자 부담이 일절 없고, 일반 과정에서는 지원자의 부담이 10~20% 정도 있다고 하니 세부 내용 확인이 필요하겠습니다.

프로그램별로 참여 비용도 지원합니다. 단기 프로그램은 1인당 최대 580만 원, 장기 프로그램은 1인당 최대 800만 원을 지원받을 수 있어요. 해외 진출과 관련된 프로그램이다 보니 지원 금액이 꽤 큰 편이죠?

대상 연령은 만 15세에서 34세 이하인 분들이고요. 해외 취업에 결격사유가 없고 구인 업체가 요구한 채용조건에 부합하면 신청할 수 있습니다. 신청은 월드잡플러스 홈페이지를 통해서 가능하니, 해외 진출에 관심 있으시다면 놓치지 마세요.

이직자들을 위한 tip

혹시 지금까지 설명해 드린 지원금 제도에 전부 해당하지 않아서 실망하고 계신가요? 아무래도 실질적으로 현금을 지급하는 제도들은 비교적 요건이 까다로운 편이에요. 실망하셨을 여러분을 위해서 소소하지만 아주 유용한 팁 하나 드릴게요.

　최근 취업난이 심해지면서 각 지자체에서 면접비 지원을 포함한 각종 지원금 지급 사업을 자체적으로 운영하고 있어요. 이런 유형의 사업들은 해당 관할 지역 거주자만을 위해서 운영되기 때문에 비교적 경쟁률이 낮은 편입니다. 다만 이 같은 정보는 각 지자체가 운영하는 홈페이지나 블로그를 통해서 공지됩니다. 해당 사이트를 즐겨찾기에 저장해 두었다가 일주일에 한 번 요일을 정해서 주기적으로 접속해 보세요.

　참고로 정부나 공공기관, 지자체에서 지원하는 지원 사업은 대부분 중위소득을 기준으로 삼고 있어요. 보건복지부의 복지로 홈페이지에 접속하시면 본인의 중위소득을 손쉽게 확인하실 수 있는데요. 중위소득은 우리나라의 전체 가구를 소득순으로 쭉- 줄을 세웠을 때 한가운데에 있는 가구의 소득을 말해요. 가령 우리나라 전체 가구가 9가구라면, 소득 순위 5번째에 있는 가구의 소득이 우리나라의 중위소득이 되는 거죠. 그리고 이 중위소득 수치에 우리나라의 경제 동향 등 다양한 사회적 경제 지표를 반영한 지표가 '기준 중위소득'인데요. 주로 최저 생계비 지원 등 각 복지 지원금의 기준으로 활용됩니다.

퇴사 후에 비빌 언덕
ⓑ 창업 편

누구나 한 번쯤 꿈꾸는 사장님 라이프

"이제는 내 일을 해야겠다!" 직장 생활 경험이 쌓여갈수록 자신만의 업무 노하우가 생기기도 하고, 나도 몰랐던 추진력을 발견하게 되기도 합니다. 그러다 보면 자연스럽게 '창업'의 꿈이 스멀스멀 수면 위로 떠 오르죠.

창업은 직장 생활과는 전혀 다른 시작입니다. 온전히 내 일을 하는 것이니 성장도 나의 몫, 실패도 나의 몫이죠. 그러니 더더욱 도움의 손길이 필요하고 조언을 구할 누군가가 절실할 겁니다. 창업을 꿈꾸고 있다면 적재적소에 발판이 되어 줄 제도를 찾아 활용해 보세요. 탄탄한 비빌 언덕을 찾는 것도 능력이랍니다.

창업자들을 위한 제도

하나. 도전! K-스타트업. 예비 창업자 및 초기 창업자를 중심으로 선배 스타트업의 멘토링 및 네트워킹을 지원합니다. 특히 본선 평가 시에 일반 평가단 외에 벤처 투자자가 평가에 참여하여 투자 매칭 기회까지 제공하는 것이 매력적이죠. 최종 수상자 또는 수상 팀으로 선발되면 최대 3억 원의 상금과 대통령상 등의 상장을 수여 받게 됩니다.

각 부처가 운영하는 예선 리그를 거쳐서 본선 진출팀을 추천하고, 본선 진출팀 중 왕중왕전 평가를 통해서 최종 수상자를 선정하는 방식입니다. 수상자에 선정되지 않더라도 이 과정을 통해서 창업에 대한 그림을 구체적으로 그려 보고 투자 기회까지 잡을 수 있으니 훌륭한 첫 발판이 되어 줄 겁니다.

연령 제한은 없습니다. 구체적인 기준에서는 통합 공고일 기준 예비 창업자이거나 7년 이내 창업 기업 대표자가 대상이 되고요. 여기서 '창업자'는 중소기업창업 지원법 시행령 제2조에 따른 창업의 범위와 제3조에 따른 사업의 개시일을 적용하여 규정합니다.

해마다 신청 시기가 상이하므로 창업진흥원 및 중소벤처기업부 홈페이지를 수시로 확인하시길 추천해 드려요. 특히 이 사업은 예선 리그별로 신청 자격과 모집 기간 등이 상이하여서 본인이 지원하고자 하는 리그의 별도 규정을 미리 파악하는 것이 좋습니다.

둘. 실천 창업 교육. 창업 지원과 R&D 지원을 받을 수 있는 사업입니다. 온라인으로 창업 관련 기초역량 함양 교육 및 아이디어 구체화 등을 지원받고, 오프라인 교육을 통해서는 최소요건 제품 제작, 고객 및 시장 검증, 전문가 멘토링 등을 통한 비즈니스 모델 고도화를 지원받을 수 있죠. 특히 이 사업은 아직 구체적으로 창업에 대한 밑그림을 그리지 못한 예비 창업자들이 첫 삽을 뜨기에 좋은 지원책이 될 수 있을 것 같습니다.

신청 자격은 혁신적인 아이디어를 보유한 예비 창업자라면 누구에게나 주어집니다. 2022년도 한 해를 기준으로 약 2,100명 내외의 교육생을 선발했다고 합니다.

신청을 위해서는 참가신청서와 사업계획서 제출이 필요합니다. 일반적으로 사업공고는 4월에 발표하고 최종 보고는 12월에 마무리됩니다. 중소벤처기업부 창업진흥원에서 주관하는 사업이며, 국번 없이 1357번으로 접수 문의할 수 있습니다.

셋. 청년창업사관학교. 창업 지원 사업 중에서 끝판왕이라고 불리는 사업입니다. 기술창업 위주의 청년 창업자를 선발해서 창업에 관련된 전 과정을 지원한다고 보면 되는데요. 2022년도에는 총 915명의 예비 창업자를 선발해서 지원한 바가 있습니다.

선발된 후에는 창업 공간, 창업 교육, 사업비 지원, 창업비 코칭, 기술 지원 등을 받을 수 있고요. 단순 지원에서 끝나는 것이 아니라 연계 지원으로 마케팅까지 이어지기 때문에, 창업의 처음부터 끝까지 함께 해주는 사업이라고 볼 수 있겠네요.

이 사업은 39세 이하인 창업 기업의 대표라면 신청할 수 있고, 예비 창업자이거나 창업 후 3년 이내의 기업이 대상입니다. 창업에는 다양한 분야가 있지만 그중에서도 고용 및 부가가치 창출이 높은 기술집약 업종, 즉 혁신 제조 융복합 업종을 집중적으로 선발하고 있습니다.

K-Startup 창업지원포털 홈페이지를 통해서 온라인 신청을 받고 서류심사, 심층심사, 사업운영 위원회를 거쳐서 총인원을 선발하는데요. 최근 3년 동안 대부분 1월에 상세 공고가 발표됐으니 관심 있으신 분들은 매년 초를 노려보시면 될 것 같습니다.

창업자들을 위한 tip

창업 지원 사업은 수시로 신설 및 폐지되기 때문에 제가 알려드린

퇴사는 괜찮아,
방법이 문제지

사업 외에도 다양한 사업들이 지금 이 순간에도 만들어지고 있을 겁니다. K-Startup 창업지원포털을 활용하면 현재 신청 가능한 창업 지원 사업과 예비 창업자들이 이용할 수 있는 공간 등에 대한 정보를 얻을 수 있습니다. 창업 단계와 관심 분야별로 세부적인 정보가 나와있으니, 이 홈페이지만 수시로 접속해도 훌륭한 첫 걸음을 딛은 것이라고 볼 수 있겠죠.

퇴사 후에 비빌 언덕
ⓒ 프리랜서 편

넓고도 험한 프리랜서의 세계

"저도 희애님처럼 프리랜서가 되고 싶어요!"라고 말씀하시는 분들은 많지만, 사실 프리랜서의 세계는 너무나도 넓습니다. '프리랜서'라는 단 4글자로 설명하기에는 그 성격이 너무나도 다양하죠. 그래서인지 프리랜서를 위한 비빌 언덕, 즉 지원 사업은 그리 많지 않습니다. 하지만 솟아날 구멍이 아예 없는 것은 아니에요.

하나로 규정지을 수 없는 넓고도 험한 프리랜서의 세계에서 공통점을 꼽는다면 바로 '세금 처리'와 '계약 작성'일 텐데요. 프리랜서는 회사의 근로자와는 다르게 수시로 계약서를 작성하고, 다양한 세무 처리를 온전히 혼자서 해야 하기에 처음에는 손해를 보는 경우가 꽤 많습니다. 이런 일을 방지하기 위해서 무료 세무 상담, 무료 계약서 작성 지도 등의 프로그램을 지자체, 공공기관에서 운영하고 있습니다.

대표적으로 서울시 노동자종합지원센터에서 프리랜서 노동자를 대상으로 세무 상담을 시행했던 사례를 꼽을 수 있는데요. 종합소득세, 양도소득세 등 소득세 전반부터 주요 국세 및 지방세에 대해서 지자체의 지원을 받아 세무사와 직접 상담을 지원하는 프로그램이었습니다. 특히 매년 5월이 되면 종합소득세 납부 때문에 골치 아파하는 프리랜서들이 많은데, 공공기관과 지자체의 지원 사업을 잘 찾아보세요.

청년 프리랜서라면 공간 대여가 무료!

프리랜서가 되면 '나도 디지털 노마드 한 번 실천해보자!'라며 호기롭게 밖으로 나가고 싶으시겠지만, 나가는 순간부터 돈이 듭니다. 게다가 카페에 가면 생활 소음 때문에 집중하기가 어렵고, 그렇다고 공유 오피스를 사용하자니 비용이 부담되고, 따로 공간을 마련하는 것은 말할 것도 없죠. 그래서 준비했습니다. 청년이라는 존재 자체가 명함이 되는! 청년이라면 누구나 이용할 수 있는 무료 이용 공간 정보를 알려 드릴게요.

하나. 무중력지대. 무중력지대는 서울시 청년 기본조례에 근거하여 조성된 공간입니다. 청년들의 활동을 지원하고 자발적인 움직임을 보장하는 곳이죠. 말 그대로 청년들을 위한 공간입니다. 영등포, 목동 등 서울 곳곳에 있고, 카페처럼 조성된 커뮤니티 공간과 별도의 스터디룸도 있어서 본인의 목적에 맞게 활용하면 됩니다.

무중력지대를 이용하고자 한다면 이용하려는 지점 홈페이지에 접속하여 예약하고 방문하면 되고, 이용료는 대부분 무료입니다. 일부 지점의 세미나실은 유료 대여이지만 그 금액 역시 일반 스터디룸 대여보다는 저렴하기 때문에 한 푼이 아쉬운 프리랜서들에게는 큰 도움이 될 수 있을 것 같습니다.

그뿐만 아니라 무중력지대에서는 달마다 유용한 강의를 무료로 개최해서 청년들에게 지속적으로 보탬이 되는 정보를 제공하고 있는데요. 저 역시 무중력지대에 강사로 초대되어 강연을 진행했던 경험이 있습니다. 실제로 저와 같은 프리랜서분들이 공간을 적극 활용하고 계시더라고요.

둘. 서울청년센터 '오랑'. 이곳 역시 청년이면 누구나 이용할 수 있는 공간입니다. 특히 오랑에는 청년지원 매니저가 항시 대기하고 있어서 청년들은 겪고 있는 문제에 대해 상담도 받을 수 있습니다. 지점에 따라서는 개인방송 스튜디오, 강연장, 열린 서재 등 다양한 시설도 있습니다. 퇴사 후 개인 방송에 대한 목표가 있는 분들은 이곳의 시설을 이용해 봐도 좋을 것 같습니다. 또한 방음부스 시설도 있어서 화상 미팅 등 독립적인 공간이 필요한 경우에 유용하게 활용할 수 있어요. 중요한 업무 얘기를 하는데 시끌시끌한 카페에서 얘기를 나누면 마이너스 요소가 될 수 있으니 이런 공간을 활용해서 호감도를 높여 보세요.

서울청년센터 오랑 역시 이용은 무료입니다. 다만 강연 등 일부 프로그램은 사전 예약제로 운영될 수 있고 멤버십 가입자에게는 이용 혜택이 추가로 제공되기 때문에 커뮤니티에 별도 접속하여 가입 후 사용하시는 것을 추천합니다.

셋. 고용복지플러스센터. 청년을 위한 무료 공간, 서울에만 집중된 것 아니냐고요? 아닙니다. 최근에는 지방 곳곳에도 청년들을 위한 공간 및 지원들이 점차 늘어나고 있어요. 고용복지플러스센터가 대표적입니다.

앞서 설명해 드린 다양한 지원금 신청이 주로 이곳에서 진행되고 있는 만큼, 다양한 정보를 접하고 지원을 받을 수 있습니다. 그중 공간 대여를 해주는 센터도 적지 않은데요. 예를 들어 전주의 고용복지플러스센터에서는 공간대여뿐만 아니라 북카페까지 무료로 이용할 수 있다고 합니다.

넷. 유유기지. 이곳은 인천에 거주하는 청년들을 위한 공간입니다. 역시나 모든 공간은 무료 이용! 유유기지에서는 청년 모임 지원, 네트워킹 데이, 유유마당, 청년 프로젝트 등 청년들이 다양한 교류를 할 수 있는 기회의 장을 마련하고 있는데요. 퇴사 후 혼자가 됐다는 생각에 고립감을 느끼거나, 혹은 다른 청년들과의 교류가 필요할 때 이러한 공간을 이용하면 좋겠습니다.

이처럼 청년이라는 존재 그 자체만으로 무료 이용할 수 있는 공간들은 점차 그 수를 늘려가고 있습니다. 부담스러운 비용들이지 마시고, 무료 공간 알차게 활용해 보세요.

적자생존의 시대

신 적자생존의 의미

'적자생존'은 본래 환경에 적응하는 생물만이 살아남고, 그렇지 못한 것은 도태되어 멸망하는 현상을 뜻합니다. 그런데 요즘 쓰이는 적자생존의 뜻은 조금 다르죠. '기록하는 자만이 살아남는다'라는 뜻이 그것인데요. 이른바 '신 적자생존'이에요. 특히 퇴사 후에는 여러분이 하나둘씩 쌓아온 그 기록이 여러분에게 생각지도 못한 기회를 가져다줄지도 몰라요.

『하루 5분 머니로그』는 제 인생의 첫 책이었습니다. 2020년 12월에 출간된 후, 적지 않은 독자분들의 금융 기초를 탄탄하게 다지는

데에는 큰 역할을 했는데요. 이 책이야말로 '신 적자생존'의 부산물이었죠.

'안녕하세요 희애님, OOO 출판사입니다. 출간 제의드리고자 연락드립니다.' 2020년 봄, 저의 메일함에 들어온 이 한 통의 메일은 몇 분 동안 저를 얼어붙게 했습니다. 학창 시절부터 지역의 백일장이란 백일장은 모조리 나가서 상을 휩쓸고 왔던 저였기에, 글에 대한 흥미는 물론이고 언젠가는 세상에 제 이름 석 자로 된 책을 내놓고 싶다는 소망이 늘 있었거든요. 그런 저에게 출간 제안이라니요!

"브런치에 글도 쓰시더라고요" 여러분이 지금 보고 있는 두 번째 책의 편집자님 역시 저에 대해서 알고 계시는 것이 꽤 많아서 깜짝 놀랐던 기억이 있는데요. 〈개념있는 희애씨〉 유튜브 채널도 꽤 오래 봐온 구독자였고, 브런치에 올렸던 글을 통해 제가 글에 애정이 있는 사람이라는 걸 알게 됐다고 하시더군요. 이미 유튜브를 통해 온라인에서 기록을 남기는 것의 중요성을 깨닫고 있었지만, 가면 갈수록 신 적자생존의 위력을 피부로 느끼게 되는 것 같아요.

사실 기록을 남기는 것은 퇴사하지 않더라도 충분히 할 수 있는 일이죠. 특히 글은 활자의 특성상 스스로 밝히지 않는 이상 익명성이 철저하게 보장되기 때문에 지금도 수많은 직장인이 자신의 노하우 혹은 자신의 이야기를 활자에 녹여 온라인 세상에 기록하고 있습니다. 이런 기록은 사람들을 결집하고 마침내 커뮤니티로 까지 확장되어 새로운 기회를 잡아 퇴사하는 경우도 적지 않고요. 하물며 퇴사 후에는 더욱 주저할 이유가 없죠. 익명으로 나를 숨길 필요가 없고 더 자유롭게 키보드 위를 날아다닐 수 있으니, 기록의 양과 질을 발전시켜서 나에게 올 기회를 향해 두 팔을 벌려 준비해야 합니다.

우리에게 기회가 될 기록 플랫폼

퇴사 전, 후 언제든지 신 적자생존을 실천할 수 있는 다양한 기록 플랫폼들을 소개해 볼게요. 이미 우리가 일상에서 너무나도 잘 쓰고 있는 것들 입니다.

하나. 블로그. '기록'하면 가장 먼저 떠오르는 수단은 '블로그'죠. 이미 오래전부터 많은 사람이 기록을 해 왔던 공간으로, 한동안 '옛것' 취급을 받기도 했는데요. 최근에 다시 블로그의 시대가 왔습니다.

저 역시 블로그에 강의와 방송 이력을 기록하고 있습니다. "저는 이런 활동을 하는 사람입니다"라는 근거를 남기고 이를 통해서 다양한 제안을 받기 위한 용도인데, 그것을 보고 새로운 제안을 주시는 경우가 적지 않더라고요. 요즘 프리랜서들 사이에서는 "블로그를 해야 일이 들어온다!"라는 말이 돌 정도라고 합니다.

제가 유튜브에서 콘텐츠를 공유하고 있는 것처럼 많은 분이 자신만의 지식이나 꿀팁을 블로그에 남기기도 하고, 자신의 일상을 글로 남기기도 해요. 활용 방법은 무궁무진하죠. 특히 블로그는 애드센스 시스템이 잘 구축돼 있어서 일정 조회 수와 방문자가 확보된다면 수익을 얻을 수도 있습니다. 앞서 대표적인 부업의 종류 중 하나로 소개드린 이유이기도 하고요.

둘. 브런치. 브런치는 누구나 작가가 될 수 있는 플랫폼이에요. 블로그가 형식에 구애받지 않고 어떤 형태로든 업로드할 수 있는 공간이라고 본다면, 브런치는 정제된 글을 올리는 곳이죠. 그래서 브런치에서는 '글을 구독한다'라는 표현을 씁니다. 처음에도 작가 승인을 받아야만 글을 게재할 수 있고요.

브런치를 보면서 '기록의 힘'을 새삼 실감했는데요. 당장 수익이 발생하는 구조는 아니지만, 평범한 주부나 직장인이 자신의 이름 석 자 앞에 '작가'라는 수식어를 붙이는 꿈을 실현할 수 있는 곳이기 때문이죠. 그분들이 브런치에 글을 써 내려가지 않았다면 이 넓은 대한민국 땅에 이런 좋은 생각과 필력을 가진 이가 존재한다는 걸 그 누가 알 수 있었겠어요.

브런치는 퇴사 전에 나의 업무역량을 전시해보고 평가받는 장으로도, 퇴사 후에 새로운 분야에 도전하며 기록을 남기는 용도로도 훌륭한 역할을 할 수 있는 플랫폼이랍니다. 누가 언제 어디에서 나의 글을 보고 있을지 모르고, 어떤 제안이 불쑥 찾아올지 알 수 없는 마성의 설렘이 있는 곳이죠. 신 적자생존을 실천할 수 있는 장으로 추천해 드려요.

셋. 유튜브. 두말하면 잔소리죠. 현재의 제가 존재할 수 있게 해준 플랫폼입니다. 기록의 수단이 반드시 글일 필요는 없는 거잖아요. 저는 지금까지 약 5년의 세월 동안 10만 명 가까운 구독자와 함께하게 되었고, 평범했던 직장인에서 인플루언서의 삶을 살게 되었습니다. 한때 방송 리포터, 기자 생활을 하기도 했지만 세상에 저라는 사람의 존재를 알릴 수 있었던 건 결국 유튜브에 남아있는 영상 기록물 덕분이었죠.

다만 퇴사 전에 유튜브를 하는 건 얼굴 공개의 문제 때문에 회사와의 마찰을 불러올 수 있어요. 앞서 설명해 드린 부수입과 유사한 문제들을 야기할 수 있는 것이죠. 유튜브를 통해 기록을 남기고 싶으시다면 회사 내규를 한번 꼼꼼하게 살펴보신 뒤에 도전하세요.

아! 선배 유튜버로서 조언을 하나 할게요. 유튜브는 유난히 장벽이 높다고 여기는 분들이 많은 플랫폼인데요. 영상 콘텐츠라는 특성 때문에 '그럴듯해야 한다'라는 강박을 가지시는 것 같아요. 저도 처음에는 영상 편집을 아예 할 줄 몰라서 편집을 알려주는 유튜브 채널을 보며 클릭 하나에 일시 정지 한번, 클릭 두 번에 일시 정지 한 번 더. 이런 식으로 따라 하며 편집법을 익혔어요. 그럼에도 지금 보면 살짝 부끄러운 퀄리티죠. 요즘은 스마트폰만으로도 충분히 멋진 편집을 할 수 있어요. 완벽해야 한다는 강박을 버리고 여러분이 할 수 있는 얘기를 담아 보세요. 요즘은 얼굴을 공개하지 않는 채널도 많답니다. 초보가 왕초보를 가르치는 세상이에요. 여러분이 알고 계시는 걸 각자의 색깔로 공유하면, 누군가에게는 분명 도움과 재미가 될 거예요.

이제는 누구나 '생산자'가 될 수 있는 시대입니다. 가치 있는 콘텐츠들을 소비하는 것도 충분히 의미 있고 보람된 일이지만, 나의 이야기를 기록으로 남기고 또 그 결실을 누군가가 함께 봐주고 심지어는 생각지도 못했던 '기회'로 확장된다면 더할 나위 없이 기쁜 일이겠죠. 특히나 회사 생활을 하면서 내 얘기를 하고 싶다는 갈증을 느꼈던 분들이라면 더욱이 의미 있는 도전이 될 거예요. 제가 말씀드린 플랫폼 외에도 인스타그램을 포함한 다양한 SNS, 틱톡을 비롯한 영상 플랫폼 등 수단은 무궁무진합니다.

여러분은 키보드 위에서, 카메라 앞에서 각자의 이야기를 기록할 준비만 하시면 돼요. 주저 말고 시작하세요. 자, 그럼 준비되셨나요? 숏 들어갈게요, 하이 큐!

그럼에도
퇴사!

'제로'로 돌아가시겠습니까?

요즘 저의 유튜브 채널 〈개념있는 희애씨〉에서 '제로터뷰'라는 인터뷰 콘텐츠를 발행하고 있습니다. 이 시리즈의 공식 질문 중 하나가 "제로(0)로 돌아간다면?"인데요. 거꾸로 제가 인터뷰이가 돼서 "제로 상태가 된다면 그때도 퇴사하실 건가요?"라는 질문을 받는다고 상상을 해봤습니다. 하나, 둘, 셋을 세고 외칩니다. "YES!!!"

과거로 돌아간다면 저는 과연 그때보다 더 나은 결과를 만들어낼 수 있을까요? 24살 카메라 앞에 서 있던 손희애. 25살 은행에서 고객을 마주하던 손희애. 26살 마케팅의 '마'자도 모르던 손희애. 27

퇴사는 괜찮아,
방법이 문제지

살 인생의 마지막이 될 직장을 다니고 있던 손희애. 모든 순간에 저는 제가 할 수 있는 최선을 다하고 있었고, 그 끝에서 '퇴사'를 선택했던 것 역시 당시의 최선이었습니다.

단 한 번도 제가 하는 일을 손에서 쉽게 놓은 적이 없었죠. 손아귀에 힘을 푸는 순간까지 얼마나 많은 고민과 수정, 최종 수정, 진짜 최종 수정 등 수많은 수정이 존재했는지는 저 자신이 가장 잘 알고 있습니다. 시간을 돌린다고 해도 더 나은 선택을 할 수는 없을 겁니다.

하지만 혹시나 돌아갈 수 있다면 조금 더 현명해지고 싶기는 합니다. 이 책을 통해서 여러분에게 풀어놓은 것처럼 퇴사 전에 고민해야 할 것들을 위해서 좀더 시간을 쓰고, 나에게 좀더 유리한 지점은 어디일지를 살펴본다면 흉터처럼 남아있는 아쉬움까지도 지울 수 있지 않을까 싶습니다. 이 책은 그래서 쓰기 시작했습니다. '오늘'이 누구에게나 처음이듯이 '퇴사' 그중에서도 지금 다니고 있는 이 직장을 그만두는 나 자신은 누구에게나 처음이니까요.

첫 월급을 받던 그 순간

모든 분이 망설이지 않고 "YES!"라고 외치며 퇴사를 선언할 수는 없을 겁니다. 어찌 보면 당연하죠. 혹시 첫 월급을 받던 순간 기억하시나요? 제 생의 첫 월급은 수능 후 패스트푸드점 아르바이트를 하고 받은 것이었습니다. 스무 살 가까운 나이가 될 때까지 내 손으로 돈을 번다는 것이 무엇인지도 몰랐던 제가, 그 겨울날 통장에 첫 월급이 찍혔을 때 느꼈던 뿌듯함은 아직도 선명합니다. 40만 원 남짓이었던 금액도 잊을 수가 없죠.

누구에게나 첫 순간은 소중합니다. 첫 출근을 하며 설레이던 발걸음. 첫 월급을 받아서 소중한 분들에게 보답했던 그 순간들. 첫 명함은 또 얼마나 아깝던지요. 첫 직장이 아니라고 하더라도 모든 직장, 모든 부서에서의 '첫' 순간은 존재합니다. 시간이 지나고 처음의 설렘과 기쁨은 서서히 사그라들고 그 흔적조차 찾아볼 수 없게 되지만, 우리가 몸담은 회사가 한 때 우리에게 자랑거리였다는 건 부정할 수 없는 사실입니다. 그 안에서 성장하는 나의 모습을 보는 것이 일상의 기쁨이기도 했고요.

그래서인 것 같습니다. 오래된 연인이 어떻게 하면 서로가 상처를 덜 받고 헤어질 수 있는지 고민하고 또 고민하는 것처럼, 우리는 회사와 어떻게 하면 잘 헤어질 수 있을지 고민하게 됩니다. 그저 픽, 하고 돌아설 수 있는 관계였다면 우리는 애초에 수많은 시간과 에너지를 들이며 골머리를 앓지도 않았겠죠.

그러니 결단을 내리지 못하는 여러분 자신을 탓하지도, 나에게 이런 고민을 하게 만든 회사를 원망하지도 마세요. 우리는 이 과정에서 또 한걸음 성장할 테니까요. 처음에는 "퇴… 퇴사하겠습니다…!" 한 마디 꺼내는 것도 힘들었던 제가 어느 순간 저 자신도 놀랄 만큼 결단력을 보였던 것처럼, 여러분의 고민 한 알 한 알은 의미 있는 결실이 될 거예요.

후회 없는 선택의 근거

퇴사는 어쩌면 나를 더 멀리 날아갈 수 있게 해주는 '큰 날개'일 수도 있고, 반대로 나를 밑바닥으로 끌어당기는 어마어마하게 무거운 '추'일지도 모릅니다. 전자가 될지 후자가 될지는 그 누구도 알 수 없죠. 그저 선택은 본인의 몫입니다.

하지만 그 어떤 선택이든 좋습니다. 여러분이 스스로를 믿는다면 어떤 것이든 잘 해낼 거니까요. 더 큰 날개를 달게 된다면 멀리 날아가서 지금까지 보지 못했던 새로운 세상을 바라보게 될 것이고, 혹시나 무거운 추를 달게 됐다면 지금 가진 날개를 더 힘차게 움직여서 근육을 키우면 될 일입니다. 물론 뛰어내리지 않고 나를 품어주던 둥지를 더 크고 견고하게 만들며 나의 정체성을 공고히 하는 것도 더할 나위 없죠.

한 인터뷰에서 "퇴사하실 때 믿는 구석이 있으셨나요?"라는 질문에 "저 자신이요"라고 주저하지 않고 대답했던 것이 떠오르네요. 통장에 두둑한 돈이 있다고 한들, 누구에게 견주어도 뒤지지 않는 수많은 자격증이 있다고 한들 그것이 퇴사를 결정할 수 있는 결정적인 한 방으로 작용할 수 있을까요? 결국 후회 없는 선택을 할 수 있는 근거는 여러분 자신입니다. 제가 드린 소소한 조언을 잘근잘근 씹어 소화하신 후 자신에게 질문을 던져보세요. 답은 그곳에 있습니다.

대한민국의 모든 직장인을 응원합니다.

퇴사는 괜찮아, 방법이 문제지

초판 1쇄 발행 2023년 1월 25일

지은이 손희애
발행인 홍경숙
발행처 위너스북
경영총괄 안경찬
기획편집 박혜민, 안미성
마케팅 박미애

출판등록 2008년 5월 2일 제2008-000221호
주소 서울 마포구 토정로 222, 201호(한국출판콘텐츠센터)
주문전화 02-325-8901
팩스 02-325-8902

디자인 김종민
지업사 한서지업
인쇄 영신문화사
ISBN 979-11-89352-61-5 (13320)

winnersbook@naver.com tel 02) 325-8901